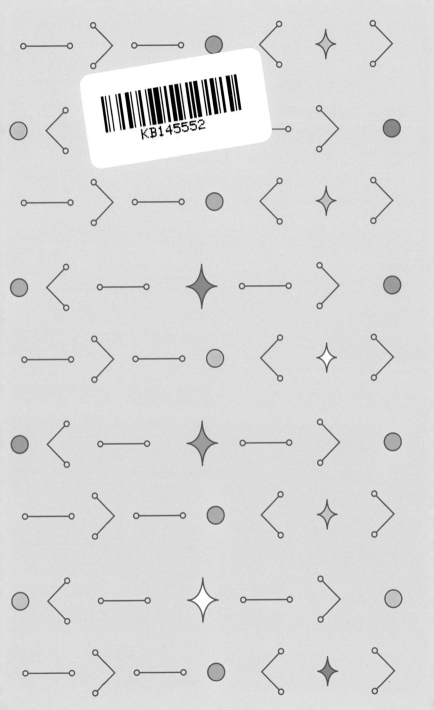

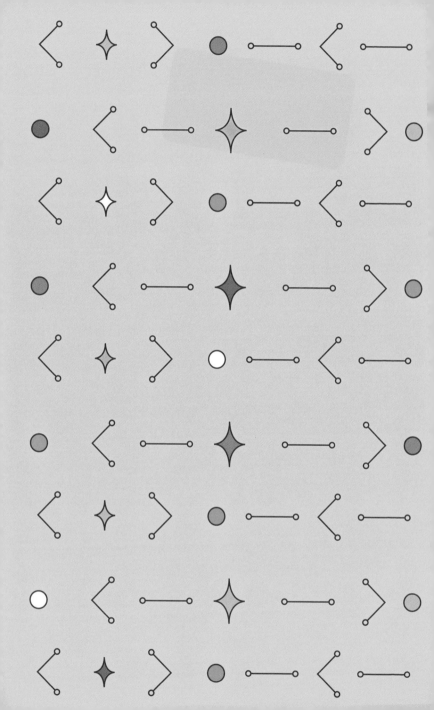

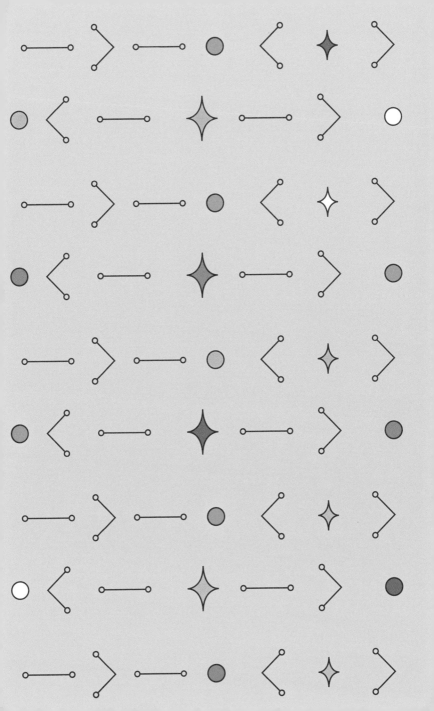

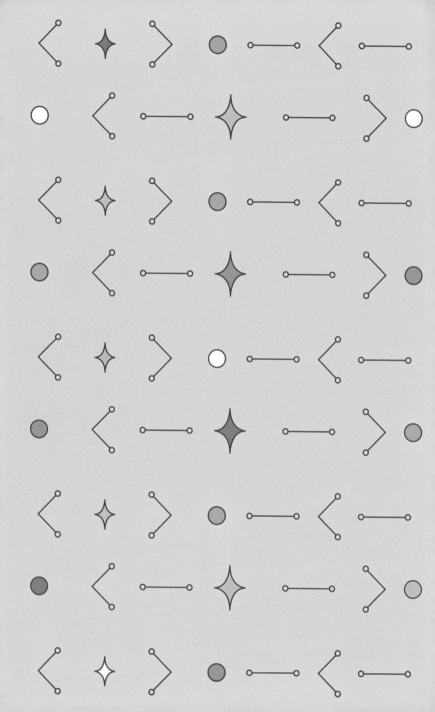

반도체가 그렇게 중요한가요?

반도체가 그렇게 중요한가요?

맺고 끊는 기막힌 능력으로 나의 일상과
세계를 쥐락펴락하는 작디작은 반도체 이야기

세상을묻는십대

초판 1쇄 발행 2023년 9월 11일
초판 2쇄 발행 2024년 3월 20일

글쓴이	김보미 채인택
그린이	JUNO
펴낸이	이영선
책임편집	김영아

편집	이일규 김선정 김문정 김종훈 이민재 이현정
디자인	김회량 위수연
독자본부	김일신 손미경 정혜영 김연수 김민수 박정래 김인환

펴낸곳 서해문집 | 출판등록 1989년 3월 16일(제406-2005-000047호)
주소 경기도 파주시 광인사길 217(파주출판도시)
전화 (031)955-7470 | 팩스 (031)955-7469
홈페이지 www.booksea.co.kr | 이메일 shmj21@hanmail.net

ISBN 979-11-92988-28-3 43300

반도체가 그렇게 중요한가요?

맺고 끊는 기막힌 능력으로

나의 일상과 세계를 쥐락펴락하는

작디작은 반도체 이야기

김보미 채인택 글
JUNO 그림

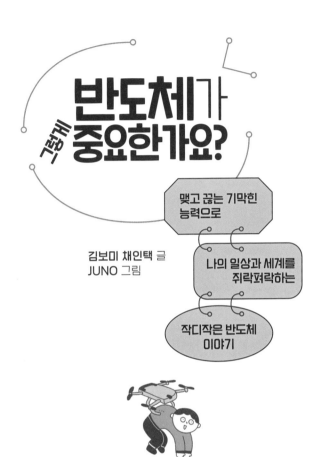

서해문집

차례

추천합니다! 권석준 교수(성균관대학교 반도체융합공학부·화학공학부, 《반도체 삼국지》 저자)

프롤로그 반도체 일기로 본 나의 하루 • 11

1 **반도체**가 뭘까?

반쯤은 도체라고? 반도체! • 26

반도체의 조상님, 진공관 • 29

놓치지 마! 틈새 정보 전류와 전자는 왜 반대로 움직일까? • 33

세 발 달린 마법사, 트랜지스터 • 35

놓치지 마! 틈새 정보 반도체의 핵심 소재, 실리콘 • 40

p형 반도체와 n형 반도체가 만나 전자 혁명!
양극성 접합 트랜지스터(BJT) • 42

금속 산화물 반도체(metal oxide semiconductor) • 46

전자 기기 시대를 연 집적 회로(IC) • 50

실리콘 덩어리가 반도체 칩이 되다 • 53

2 반도체가 '**쌀**'이라 불리는 이유

지금은 규석기 시대! • 61

반도체는 왜 필요했을까? • 64

롬(ROM), 램(RAM), 플래시 메모리 • 67

놓치지 마! 틈새 정보 인공지능을 예견한 폰 노이만 • 72

메모리 반도체에서 시스템 반도체로 • 74

3 **반도체**는 어디서 만들까?

종합 반도체 기업(IDM) • 85
팹리스(Fabless company) • 87
파운드리(Foundry)가 뜨는 이유 • 92
패키징과 테스트 전문 OSAT • 95
놓치지 마! 틈새 정보 무어의 법칙에서 황의 법칙으로 • 98

4 왜 각 나라에서 **반도체 산업**을 지원할까?

산업의 쌀을 둘러싼 미국과 중국의 21세기 경쟁 • 109
미국의 공급망 재편으로 이어진 팬데믹 반도체 부족 사태 • 114
미국도 자기 나라 공장에서 반도체를 확보해요 • 116
미일 무역 분쟁과 '플라자 합의' • 119
일본 반도체 산업 침체를 부른 미일 반도체 협정 • 121
1980년대 미국에서 일본으로 넘어간 반도체 주도권 • 123
일본 반도체를 사양길로 몰고 간 미일 반도체 협정 • 127
한일 무역 분쟁에서 한국의 급소가 된 반도체 • 130
반도체 강국에 대한 견제 의도일까? • 133
미국의 허가가 필요한 ASML의 노광 장비 수출 • 134

미래 군사력과 무기의 핵심, 반도체 · 137
군사용 반도체는 자기 나라에서 확보하려는 미국 · 140

5 한국은 어떻게 반도체 **강국**이 됐을까?

메모리 반도체는 한국이 세계 최고! · 148
1965년 외국 반도체 조립을 시작했어요 · 149
1974년 '한국반도체'의 등장! · 152
삼성이 반도체 사업에 집중 투자했어요 · 154
삼성이 64K D램 개발에 나서요 · 157
64M D램 개발로 세계 선두에 나서요 · 159
세계 3위 반도체 기업, SK하이닉스 · 162
현대→LG반도체→SK · 164
SK의 중국 진출, 최대 메모리 업체로 · 166
세계 각국의 반도체 산업 육성 노력 · 168
한국 반도체 산업의 미래를 위한 숙제 · 170

6 반도체를 만들려면 어떤 공부를 해야 할까?

전 세계 반도체 분야 인재는 여전히 부족해요 · 177

반도체를 알려면 공과대 진학이 유리해요 · 178

반도체 산업에는 문과생도 필요해요 · 180

어쩌면 평생 공부해야 해요-입사 뒤 재교육은 당연하죠 · 182

인력 확보는 전 세계적인 과제예요 · 186

엔지니어 롤 모델 · 189

7 미래의 반도체는 어떤 모습일까?

인간의 뇌를 따라가는 반도체 · 198

반도체 시장에서 살아남는 법 · 202

반도체로 숨 쉬는 세상 · 207

에필로그 기계를 제어하는 똑똑한 반도체가 펼치는
무궁무진한 세상, 그 너머에 대하여 · 213

추천합니다!

반도체 산업은 국가 기간산업이라 불릴 정도로 우리나라 경제에서 차지하는 비중이 가장 큽니다. 또한 한국 반도체 산업은 차세대 기술을 선도하면서 글로벌 시장에 큰 영향을 미치기 때문에 세계적으로 인정받고 있지요.

그렇기 때문에 더 많은 인재가 반도체 산업에 관심을 가지며 꿈을 키워갈 필요가 있습니다. 특히 대학 진학을 앞두고 관련 분야 전공에 대해 고민하기 시작하는 청소년과 학부모들이 이 산업의 중추를 이루는 핵심 기술에 대한 개념과 원리를 잘 이해하는 것은 매우 중요합니다.

이 책은 그러한 목적에 잘 맞습니다. 반도체 산업 현직 전문가들이 쉽게 풀어 전하기 어려운 내용을, 기자 출신 작가들이 이해하기 쉬운 비유와 일러스트를 곁들여 깔끔하게 설명하고 있습니다. 반도체 산업의 전반적인 흐름은 물론이고 공정, 부품, 설계, 생산에 이르는 다양한 분야에 대해 청소년 독자에게 잘 전달해줍니다.

또한 반도체 산업에 진입하고자 하는 학생들에게 필요한 공부와 진로 탐색, 직업 탐험에 대한 안내도 갖춰져 있어요. 기존 반도체 교양서가 틀에 박힌 기술 설명으로 일관하는 데 비해 이 책은 기술은 물론, 산업 지형을 둘러싼 각국의 경쟁, 전략적 의미도 함께 설명하고 있어서 반도체 산업을 조금 더 입체적으로 알고자 하는 일반 독자에게도 효과적인 입문서가 될 수 있습니다. 앞으로 더욱 중요성이 커질 한국 반도체 산업에 대한 이해를 돕고 그 진입 장벽을 낮춰줄 좋은 길라잡이가 될 책입니다.

권석준 교수
성균관대학교 반도체융합공학부·화학공학부,
《반도체 삼국지》저자

반도체
일기로 본
나의 하루

띠링,
띠링!

스마트폰 알람 소리로 아침잠에서 깨어납니다. **리모컨**을 찾아 TV
뉴스 채널을 틀고, 부엌으로 갑니다. 전날 밤 예약해 놓은 잡곡밥이
전기밥솥에 완성돼 있네요. 식사를 마치고 **전동칫솔**로 이를 닦고
집을 나섭니다.

출근길에 즐거운 음악이 빠질 수 없지요. **무선 이어폰**을 끼고 버스
정류장으로 향해요. '삑.' **교통카드**로 요금을 내고 탑승합니다. 회사
앞에서 잠깐 편의점에 들렀어요. 커피 한 캔을 골랐지요. 계산대에
설치된 **페이 단말기**에 **스마트폰**을 갖다 대고 결제합니다. 사무실에
도착해 **노트북**을 켜고 오늘의 할 일을 열심히 합니다.

주말이 돼 가족과 여행을 가기로 했어요. 출발하기 전 **전기 차**
충전이 다 됐는지 확인하고 **내비게이션**으로 목적지를 검색합니다.
서둘러 나왔는데 **신호등**에 자꾸 걸려서 생각보다 시간이 더
걸렸어요. 겨우 시내를 빠져나와 고속도로로 진입합니다. **하이패스**

통로를 지나가니 요금이 자동결제 됐어요.

산에 도착해 꽃이 활짝 핀 풍경을 배경으로 모두 같이 사진을 찍었어요. **디지털카메라**를 오랜만에 가지고 나왔으니, 동영상도 마음껏 찍어봅니다. 실컷 놀고 집에 돌아와 옷을 벗어 **세탁기**를 돌립니다. 옷감을 알아서 감지해 세탁 코스를 정해주고 건조까지 해줘요.

이번 휴가는 친구들과 해외를 가기로 했습니다. 잊어버리기 전에 여권이 어디 있는지 찾아 놓았어요. 얼마 전 갱신한 여권은 예전과 색깔만 다른 게 아니고 겉표지도 딱딱한 **전자 여권**이에요.

바쁘게 움직였던 오늘은 자면서 수면 패턴을 분석해보려고 **스마트 워치**를 풀지 않은 채 침대에 누웠습니다. **AI 스피커**에 "전등 좀 꺼줘"라고 말하니 방 안이 깜깜해졌습니다.

저의 일상을 짧은 일기로 써보았습니다. 생활 속에 정말 많은 반도체가 숨어 있네요. 여러분 주변에서도 어떤 역할을 하는 반도체가 있는지 한번 찾아보세요.

아침마다 알람을 울리고, 전화와 메시지로 소통하도록 해주며, 뉴스와 동영상까지 여

가 생활도 즐길 수 있게 해주는 스마트폰은 최첨단 반도체 칩의 경연장입니다. 두뇌라고 할 수 있는 모바일용 AP(Aplication Processor, 스마트폰의 중앙 처리 장치), 고화질 사진을 구현하는 카메라 이미지 센서, 누구의 휴대전화인지 인식하는 SIM(심) 카드 등이 탑재돼 있습니다.

TV와 컴퓨터 모니터, 스마트폰 등 전자 제품의 화면은 작은 점들이 무수히 많이 모여 구현되지요. 픽셀이라고 부르는 이 점들을 조절하는 것이 박막 트랜지스터(薄膜 transistor, thin film transistor)입니다. 디스플레이에 연결된 집적 회로의 전기 신호를 수신한 픽셀들이 입력된 데이터에 따라 색깔과 밝기를 조절하면 화면에 원하는 사진이나 영상이 나타나는 거예요.

디지털카메라는 색을 감지하는 반도체들 위에 렌즈로 들어

온 빛을 모아서 필름 없이도 화면에 풍경을 구현합니다. LED는 신호에 따라 특정 색깔을 내는 반도체로 만든 조명이지요. 전력 소모가 적고 내구성도 좋아 전등뿐 아니라 신호등도 LED로 많이 사용합니다. 반대로 빛을 받아 전기를 만드는 태양전지도 빛을 인식하는 반도체가 중요한 역할을 합니다.

리모컨과 전기밥솥, 전동칫솔에는 동작을 제어하는 반도체들이 숨어 있어요. 음악을 들을 때도 반도체의 도움을 받습니다. CD와 같은 저장 장치가 없어도 플래시 메모리가 있으니 간편하게 저장된 음악을 재생할 수 있죠. 덕분에 용량이 큰 영상 파일도 얼마든지 기기에 담아 이동하며 볼 수 있어요.

교통카드 안에서도 반도체는 큰 역할을 합니다. 스마트카드 IC는 RFID(radio frequency identification, 무선 주파수 인식 기술)로 단말기 접촉만 하면 결제할 수 있도록 처리해요. 하이패스, 신용카드도 비슷한 반도체가 탑재돼 있습니다. RFID를 기반으로 한 NFC(near field communication, 근거리 무선 통신)는 카드가 없어도 스마트폰만 있으면 결제할 수 있게 하는 기술입니다. 각종 페이 서비스가 이 반도체를 이용한 거예요. 데이터를 암호화해 보안성이 높아졌고, 호환되는 기기도 많아졌습니다.

교통카드에는 배터리가 없는데 어떻게 스마트카드 IC가 작동할까요? 비법은 카드에는 전기가 통하는 고리를, 카드 단말기에는 자석을 장착한 겁니다. 카드와 단말기가 가까워지면 금속과 자석이 만나 전기가 생기죠. 이 전기로 반도체 칩에 전류가 흘러 전기 신호가 전달되면서 요금을 결제할 수 있는 거예요.

자동차는 최첨단 반도체 연구가

최근 가장 활발하게 진행 중인 분야입니다. 전기 차는 일반 내연기관 자동차보다 몇 배나 많은 반도체가 탑재돼 있어요. 일반 자동차를 만들려면 보통 200~300개, 많아야 500개 정도의 반도체 소자가 필요한데 전기 차는 1000개 이상이 들어간다고 해요. 앞으로 나올 자율 주행 차는 2000개가 넘는 반도체가 탑재될 거예요. 실시간 도로 상황, 교통 신호, 주변 차량 위치, 횡단보도와 보행자 위치 등 1초에 수백~수천 개의 정보를 수집해 자동차의 다음 동작에 필요한 데이터를 생성해내야 운행할 수 있으니까요. 안전한 자율 주행이 되려면 데이터에 오차나 오류가 있어서는 절대 안 됩니다.

전기 차와 자율 주행 차가 아니더라도 요즘은 일반 차량도 전에 없던 기능이 늘어나고 있습니다. 운전하면서 음악을 듣고 전화하는 건 기본이지요. 차 안의 미세먼지

등을 걸러내는 공기 정화 시스템도 있고요. 창문과 트렁크를 자동으로 여닫고, 춥거나 더울 때 알맞은 시트 온도를 맞추기도 해요. 더 편리한 탑승을 위해서는 다양한 기능의 반도체가 필요합니다.

한때 전쟁으로 반도체 제조에 필요한 특수 가스 원료 공급이 부족해지면서 생산 과정에 문제가 생겼던 시기가 있었습니다. 차량용 반도체가 특히 영향을 많이 받았지요. 그래서 차를 주문하면 1년 넘게 기다려야 받을 수 있었어요. 반도체 품귀 현상이 차량 구매에 엄청난 영향을 준 거예요. 자동차에서 반도체 역할이 그만큼 커졌다는 방증일 겁니다.

스마트워치는 스마트폰의 10분의 1 정도밖에 되지 않은 작은 기기이지만 구현되는 기능은 점점 늘어나고 있습니다. 그러다 보니 여러 부품을 하나의 패키지로 만드는 설계 기술, 전기 회로의 선폭을 줄이고 집적도를 높이는 기술이 치열하게 개발되는 분야입니다. AP뿐 아니라 램, 낸드 플래시, 근거리 무선통신, 통신 모듈과 배터리까지 더 많은 소자가 탑재될 수 있도록 초미세 공정이 필요합니다. 게다가 심장 박동 수, 혈압, 산소 포화도 등으로 신체 상태를 실시간으로 파악하는 반도체도 들어 있어요. 아예 반도체를 몸에 두르고 생활하는 일상을 보여줍니다.

앞으로는 몸속에 반도체를 넣어 건강 상태를 확인하는 의료 서비스도 나온다고 해요. 뇌 신경과 반도체가 연결되면 계

산이나 번역을 머릿속 생각만으로 컴퓨터처럼 빠르고 정확하게 하는 날이 올까요?

반도체가
뭘까?

지구는 다양한 물질로 이뤄져 있습니다. 고대 사람들은 물, 공기, 불, 흙이 모든 물질을 만드는 기본 단위라고 생각했어요. 과학이 발달하면서 눈에 보이지 않았던 아주 작은 단위의 구성 요소들을 발견했어요. 산소(O), 수소(H), 탄소(C)와 같은 원소 단위까지 알게 된 거예요. 추상적 개념이었던 물질의 구성을 과학적으로 분석했습니다. 사람의 몸은 60퍼센트 이상이 산소이고, 탄소가 20퍼센트, 수소 10퍼센트, 질소(N) 5퍼센트로 이뤄져 있지요.

지금까지 인류는 118개 원소를 찾아냈어요. 발견된 원소의 이름과 종류를 정리한 게 과학 시간에 배우는 주기율표입니다. 목록에는 규칙이 있습니다. 세로는 전자껍질(electron shell) 개수가 같은 원소끼리 묶어서 주기(period)를 표시했고, 가로는 최외각(가장 바깥 껍질) 전자 개수가 같은 원소끼리 묶어서 족(group)을 나타냅니다. 주기와 족을 확인하면 원소의 성질이 같은지 다른지 구분할 수 있습니다. 새로운 원소를 발견하면 주기율표의 목록은 언제든지 늘어나겠지요.

과학자들은 원자 구조와 특성을 분석해 원소를 분류하거나 그동안 존재를 알지 못했던 원소를 찾아낼 뿐 아니라 원하는 성질의 물질을 만들기도 합니다. 특히 물질의 전기적 특성을 활용해 놀라운 발명을 이뤄냈지요.

물질을 나누는 방법에는 여러 가지가 있는데 전기가 통하는지에 따라서도 분류할 수 있어요. 도체(導體, conductor)는 전기가 잘 통하는 물질이에요. 구리, 철, 알루미늄 등 금속이 대부분 도체에 속합니다. 반대로 부도체(不導體, insulator)는 전기가 흐르지 않는 물질이에요. 유리, 고무, 종이, 플라스틱 등이 포함됩니다.

반도체(半導體, semiconductor)는 말 그대로 반(半)만 도체의 성질을 가져요. 평소에는 전기가 통하지 않는데 살짝 변화를 주면 전기가 통하는 물질로 바뀌지요. 그래서 준금속(準金屬)이라고도 부릅니다. 규소(Si), 저마늄(Ge, 게르마늄이라고도 해요)이 대표적인 반도체 물질이에요. 책에서 앞으로 가장 많이 등장하는 원소이기도 하니 잘 기억해둡시다.

전기가 흐르기도 하고, 흐르지 않기도 하는 반도체의 특성은 우리가 편리하게 생활하고 다양한 경험을 할 수 있는 전자기기를 만드는 데 중요한 역할을 합니다. 반만 전기가 흐르는 물질을 이용해 만든 반도체 칩은 스마트폰, 자동차, 컴퓨터 등 거의 모든 제품에 들어가 있습니다. 일상과 경제를 이끌어가는 반도체는 그래서 '산업의 쌀'이라고 부릅니다. 반도체가 만든 무궁무진한 이야기로 한번 들어가볼까요!

반쯤은 도체라고?
반도체!

평소에는 전기가 흐르지 않는 부도체가 전기가 흐르는 도체로 바뀌는 반도체 현상은 어떻게 일어나는 걸까요? 전기 흐름을 이해하며 과정을 파악해봅시다.

전기의 흐름을 의미하는 전류는 '전자가 움직인다'라는 뜻입니다. 전자는 물질을 이루는 기본 단위인 원소를 더 자세히 봐야 보이는 존재이지요. 하나의 물질을 더 쪼개지지 않는 수준까지 나눈 입자를 원자(atom)라고 해요. 매일 마시고 씻을 때 필요한 물(H_2O)이라는 물질은 수소(H) 원자 2개와 산소(O) 원자 1개로 이루어져 있어요. 즉 원자가 3개입니다.

원자는 지름의 크기가 1000만분의 1밀리미터 정도 된다고 해요. 0.0000001밀리미터 크기 원자는 가운데 작고 단단한 알갱이인 원자핵이 있고, 그 주위를 전자가 도는 구조입니다. 원자핵은 전기적으로 양(+)의 전하를 띤 양성자, 전하가 없고 양성자보다 무거운 중성자로 이뤄져 있죠. 전자는 반대로 음(-)

의 전하를 띠고 있어요.

 질량이 무거운 원자핵이 원자의 중심이에요. 반면 전자는
가벼워서 밖으로 튕겨 나가기도 하고 밖에서 다른 원자의 전

자가 들어오기도 하죠. 그러다 보니 개수가 바뀌기도 해서 원자핵보다 변화의 가능성이 크다는 성질을 가졌습니다. 이렇게 전자가 있던 곳에서 다른 지점으로 이동하는 것이 전기가 통하는 현상입니다. 더 정확하게 말하면 원자에 묶여 있지 않고 자유롭게 움직이는 자유전자(free electron)의 이동이 전기의 흐름, 전류입니다.

도체는 우리가 생활하는 온도에서도 자유전자가 존재하는 물질이에요. 그래서 언제나 전기가 잘 통합니다. 반면 부도체와 반도체는 상온에서는 자유전자가 없어서 전기가 흐르지 않아요. 그런데 열이나 빛을 받아 새로운 에너지가 생기면 성질이 변해 자유전자가 생겨나기도 해요. 반도체는 이때 필요한 에너지가 부도체보다 훨씬 작아서 조금만 변화를 주면 전기를 흐르게 할 수 있는 거예요. 이 성질을 이용해서 필요할 때만 전기가 흘렀다가 다시 흐르지 않는 상태로 바꾸는 장치를 만들 수 있겠지요. 마치 전등을 켰다가 껐다가 할 수 있는 스위치처럼요.

과학에서는 일정 조건에서 자유전자가 활성화되는 물질을

반도체로 정의합니다. 하지만 보통은 반도체의 이런 스위치 같은 성질을 이용해 전류와 전압을 조절하는 특수한 소자(素子, element)를 반도체 혹은 반도체 칩이라고 부르는 경우가 많습니다. 컴퓨터, 스마트폰 안에는 전기 신호로 다양한 기능을 해내는 반도체가 무수히 많이 들어있지요.

반도체는 복잡한 기능들을 더 정확하고 빠르게 수행할 수 있도록 그 기술이 발전하고 있습니다. 수많은 스위치가 각자 맡은 역할을 오류 없이 해내면 더 편하고 멋진 전자 제품을 만들 수 있어요.

반도체의 조상님, 진공관

그냥 두면 전기가 통하지 않았던 반도체에 열을 가하면 자유 전자가 생겨 전류가 흐르는 물질로 바꿀 수 있다는 사실은 어떻게 알았을까요? 이 발견은 우연이었다고 해요. 발명왕으로 잘 알고 있는 토머스 에디슨이 전구 안쪽을 닦아내다가요.

에디슨은 백열전구를 오래 켜두면 표면에 자꾸 생기는 까만 그을음을 없애고 싶었어요. 그래서 전구 안에 금속판을 집어넣었다가 깜짝 놀랐습니다. 전구 필라멘트에 금속판이 닿은 것도 아니었고 전구 안은 진공 처리가 됐는데 갑자기 허공에서 전기가 통한 거예요. 당시 과학 수준으로는 진공 상태에서 전류가 흐를 수 없다고 생각했거든요.

이유는 정확히 알 수 없었지만, 과학자들은 이렇게 전기가 통하는 현상을 '에디슨 효과'라고 불렀어요. 가열된 전구 안에서 열에너지를 흡수한 필라멘트의 전자가 방출되는 원리를 1880년대 과학자들이 몰랐던 것은 당연한 일이에요. 아직 전자의 존재를 발견하기 전이었거든요. 전자는 그로부터 시간이 더 지난 1897년, 영국의 물리학자 조지프 존 톰슨이 처음 발견했습니다. 톰슨의 제자 오언 리처드슨은 1901년 드디어 에디슨 효과의 원인도 밝혀냈지요.

빛을 내는 전구 유리 내부 온도가 오르면서 커진 열에너지로 필라멘트 속 전자가 튀어나와 허공을 가로질러 금속판으로 건너간 거예요. 그래서 붙어있지 않은 필라멘트와 금속판 사이에서 전류가 형성된 것입니다. 열에너지를 받은 원자의 가장 바깥쪽 껍질 전자가 방출돼 이동할 수 있는 자유전자가 됐다는 사실을 증명하면서 리처드슨은 1928년 노벨물리학상을 받았습니다.

떨어진 금속판 사이에 원할 때만 전기를 흘릴 수 있다는 반도체의 스위치 원리는 디지털 시대엔 아주 익숙한 개념이에요. 전기가 흐르지 않으면 '0', 전기가 흐를 때는 '1'로 표현한다면? 이 생각에서 바로 이진수가 탄생한 것입니다. 디지털 언어는 전기적 신호, 즉 0과 1로 된 이진법을 바탕으로 합니다.

이런 전기 신호를 제어하는 스위치로 개발된 첫 발명품은 진공관이었습니다. 에디슨 효과가 일어났던 백열전구를 본떠 진공 유리관 안에 금속판을 설치한 전기 장치예요. 온도를 높여 전류를 흐르게 한 다음 음극에서 전자가 방출할 수 있도록 해 신호를 만들죠. 다양한 명령을 전기적 신호로 수행하는 전자 제품이 탄생하면서 인간은 상상만 했던 여러 꿈을 실현했습니다. 진공관은 무선전신부터 라디오, TV, 컴퓨터 발명으로 이어져 전자 산업의 기초가 되지요.

진공관을 무수히 연결하면 0과 1, 이진법으로 복잡한 셈을 처리하는 계산기를 만들 수 있습니다. 컴퓨터(computer)는 원래 라틴어로 '계산하다(computare)'라는 의미예요. 현대의 컴퓨터는 다양한 기능을 가졌지만, 시작은 계산기였던 거죠.

1939년 미국 물리학자 존 아타나소프와 클리포드 베리는 약 300개의 진공관을 연결해 최초의 전자식 계산기 'ABC'를 설계했어요. 이후 세계대전 발발로 군사 작전이 치열해지면서 계산 기술은 급속히 발전합니다. 적군이 쏜 폭탄이 어디에 떨어질지 정확히 예측하고, 적군을 향해 어떤 각도로 포탄을 날릴지 정확하게 조준해야 했거든요. 인간을 대신해 쉬지 않고 계산을 해주는 기계가 필요해 2차 세계대전 막바지였던 1945년, 최초의 컴퓨터라 불리는 '에니악'이 개발됐습니다. 수많은 사상자를 낸 전쟁이 인류의 새로운 가능성을 열게 해준 셈이었어요. 에니악에 탑재된 진공관이 무려 1만8000개였다고 합니다.

진공관은 신호를 제어하는 스위치 기능뿐 아니라 신호를 증폭하는 기능도 있습니다. 마이크에 입력된 목소리를 스피커

전류와 전자는 왜 반대로 움직일까?

과학 시간에 전류는 양(+)극에서 음(-)극으로 흐르고, 전자는 음(-)에서 양(+)으로 이동한다고 배웁니다. 같은 전기 흐름을 나타내는 것인데 전류와 전자의 방향은 왜 거꾸로일까요?

힌트는 30쪽에서 설명한 에디슨 효과입니다. 과학자들은 전기적 특성을 가진 어떤 입자가 도체로 만든 선을 따라 흐르는 현상은 발견했지만, 이것이 전자의 이동이라는 사실은 한참 지난 후에 알았습니다. 전자의 존재를 몰랐던 시대에는 전기가 물처럼 높은 곳(+)에서 낮은 곳(-)으로 혹은 양이 많은 곳(+)에서 적은 곳(-)으로 흐른다고 생각했지요. 그래서 전류의 방향을 (+)→(-)라고 정했습니다.

그런데 전류는 음(-)의 전하를 띤 전자가 이동하는 현상입니다. 사실 방향은 (-)→(+)이었던 것이죠. 하지만 혼선을 줄이기 위해 전류는 원래 약속한 대로 양(+)에서 음(-)으로 흐른다고 정의하기로 했어요. 대신 전류와 전자의 이동 방향은 반대로 표시했습니다.

앰프로 크게 키우고, 라디오 등 방송 신호를 전국에서 받을 수 있을 만큼 크게 만들죠.

문제는 진공관을 작동시키려면 계속 가열해야 하는데 유리관은 열과 충격에 약하다는 단점이 있었습니다. 뜨거워지면 곧잘 터지고, 작은 외부 충격에도 쉽게 깨졌죠. 한 번 기계를 돌리려면 고장 난 진공관을 수십 번씩 갈아 끼워야 했어요. 수리를 위해 대기하는 직원이 필요했고 부품 교체에 돈도 많이 들었습니다.

유리와 금속으로 만든 진공관 컴퓨터는 크기와 무게도 상당했어요. 에니악은 가로가 30미터, 높이 2.4미터, 폭은 0.9미터였고, 무게만 무려 27톤이었다고 해요. 덩치만큼 전력 소모와 내뿜는 열도 엄청났죠. 에니악을 돌리는 데 쓰는 전기는 계산보다 진공관 온도를 높이고, 유지하는 데 대부분 쓰였다고 합니다.

세 발 달린 마법사, 트랜지스터

전기 신호를 원하는 대로 제어하는 진공관은 인류의 가능성을 무한하게 넓힌 발명품으로 꼽히죠. 하지만 정작 진공관은 하고 싶은 게 많아질수록 활용하기가 어려운 장치였어요. 유리로 만든 몸체는 내구성이 약했고, 내부 온도를 높이고 유지하는 데만 상당한 전력이 들어갔습니다. 에니악처럼 처리해야 하는 정보량이 큰 작업을 할 때는 진공관 수만 개를 한꺼번에 켤 전기와 수리하는 사람도 어마어마하게 필요했지요.

과학자들은 더 튼튼하면서 작고 가벼운 신호 제어기를 고민했습니다. 활용하기 편하고 만들기도 쉬운 부품이라면 좋겠다고 말이에요. 1948년 발명된 트랜지스터는 진공관이 가지고 있었던 단점을 한 번에 해결한 혁신적인 소자였습니다. 미국 벨 전화 연구소의 윌리엄 쇼클리와 존 바딘, 월터 브래튼이 반도체 물질을 이용해 전류와 전압을 조절하는 스위치를 설계한 거예요. 트랜지스터 반도체는 진공관의 원리대로 전기 신호를 제어하면서 크기는 손톱만큼 작고 가볍습니다. 단단해서 깨질 위험이 없고 고장도 잘 나지 않았죠. 아주 약한 전력만 있으면 기기를 작동할 수 있었고, 사용하는 동안 본체가 뜨거워지지도 않았습니다. 게다가 구조가 간단해 만드는 비용도 저렴했어요.

진공관으로 만든 에니악은 방 하나를 가득 채울 만큼 컸지만, 최초의 트랜지스터 컴퓨터인 트래딕은 냉장고만큼 크기가 작아 비행기에 싣고 다니며 항로를 계산했다고 해요. 이전과 비교하면 마법 같은 일이지요. 진공관의 단점을 완벽하게 해결한 트랜지스터는 '세 발 달린 마법사'라고 불렸습니다. 트랜지스터가 등장한 후 진공관은 빠르게 사라졌습니다.

전기 회로 소자는 보통 전기가 들어오는 쪽과 나가는 쪽 다리가 하나씩, 총 2개가 달려있습니다. 예를 들어 저항은 두 다리가 양쪽으로, 커패시터(capacitor, 축전기)는 같은 방향으로 뻗은 모양입니다.

트랜지스터는 이미터(Emitter), 베이스(Base), 컬렉터(Collector)라는 3개의 다리를 가졌어요. 베이스에서 약한 전기 신호

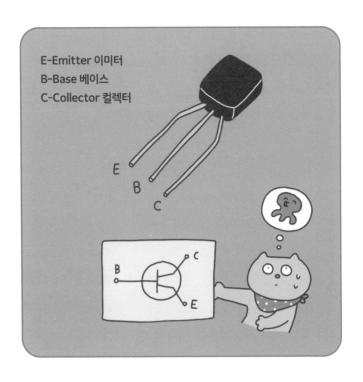

를 주면 이미터에서 보낸 전자 혹은 정공을 컬렉터에서 출력합니다. 전류를 제어하는 트랜지스터를 물의 흐름을 제어하는 댐에 비유해 볼게요. 이미터에 있던 물이 컬렉터로 흐르면서 거대한 물줄기를 만드는데 이때 베이스가 바로 수문 역할을 합니다. 작은 힘으로 이 스위치를 여닫으면서 전기의 흐름을 통제하는 게 트랜지스터입니다. 베이스에 약한 전기 신호를 보내 트랜지스터를 작동시키면 이미터에서 컬렉터로 큰 전류가 흐르게 됩니다. 트랜지스터(transistor)라는 단어 자체도 전기를 전송(transfer)하면서 저항(varistor)의 역할로 전기 신호와 전력을 증폭하거나 스위칭하는 데 사용한다는 의미를 담고 있지요.

과학자들은 어떻게 반도체로 트랜지스터를 만들었을까요? 처음 트랜지스터의 재료는 저마늄이라는 반도체 물질이었어요. 상온에서는 전기가 흐르지 않는 저마늄에 다른 원소를 조금 넣어보니 갑자기 전기가 잘 통하는 현상을 발견했습니다. 진공관처럼 열을 가해서 온도를 높여 자유전자를 만드는 것보다 훨씬 쉬운 방법이지요. 이렇게 반도체의 성질을 변화시켜 자유전자 개수를 늘리기 위해 불순물을 넣는 과정을 도핑(doping)이라고 합니다. 현재 반도체 칩의 주요 재료는 규소인데 저마늄보다 도핑 효과가 좋아 가공하기 쉽고, 온도 변화에 강해 많이 쓴다고 해요. 반도체 물질을 전자 제품의 재료로 만드는 도핑 과정을 알아봅시다.

주기율표에서 규소는 탄소족이라 불리는 14족에 포함돼

있습니다. 최외각 전자가 4개라는 의미예요. 규소는 이 가장 바깥쪽 껍질의 전자 4개를 주변 원자와 결합합니다. 14족 원소는 최외각 4개 전자가 옆에 다른 원자와 모두 손을 맞잡은 상태가 되면 안정적인 물질로 존재하는 원소입니다.

여기에 최외각 전자가 1개 많은 15족 인(P)이나 비소(As)를 도핑하면 어떻게 될까요? 규소의 4개 최외각 전자가 인의 최외각 5개 전자와 모두 결합하고도 전자가 하나 남지요. 남은 1개의 전자는 어디든 갈 수 있는 자유전자가 됐습니다. 전자의 이동, 즉 전류가 흐를 수 있는 상태가 된 거예요.

반대로 전자가 1개 부족한 13족 원소인 붕소(B)나 알루미늄(Al)을 도핑하면 전자가 하나 부족한 상태가 되지요. 결합을 이루지 못한 구멍이 하나 생기는 거예요. 이 전자 구멍을 정공(양공)이라고 해요. 정공이 생기면 가까이 있는 전자가 구멍을 채우기 위해 이동하고, 이 전자가 빠진 곳에 또 구멍이 생겨요. 그럼 또 옆에 있던 다른 전자가 이동합니다. 도미노처럼 전자가 계속 움직이는 현상, 즉 전류가 흐르는 상태가 됩니다.

반도체의 핵심 소재,
실리콘

반도체를 만드는 주재료인 규소는 영어로 실리콘(Silicon)이고 원소 기호는 Si입니다. 상온에서 은빛인 이 물질은 주변에서 아주 쉽게 찾을 수 있어요. 지구에서 산소 다음으로 비중이 큰 원소거든요. 지구 무게를 달면 절반이 산소, 4분의 1이 규소라고 해요.

흔하다 보니 이미 수천 년 전부터 우리 생활 속에서 사용됐습니다. 흙과 모래, 돌멩이는 물론 불을 피우는 부싯돌, 유리도 규소 화합물이에요. 실리콘이란 이름이 바로 부싯돌을 뜻하는 라틴어 '실렉스(silex)'에서 유래했지요. 미국 첨단 기술 기업들이 모여있는 '실리콘 밸리(Silicon Valley)'도 반도체 소재인 규소를 상징적으로 사용해 만든 지명입니다.

그런데 우리가 알고 있는 실리콘이 하나 더 있습니다. 도마, 주걱, 장갑 등 주방용품과 인공 관절, 성형 수술 등 의료용품으로 쓰는 부드럽고 말랑한 재질의 재료입니다. 열에 강하고 내구성이 좋아 고무, 보형물로 활용합니다. 하지만 이 실리콘(silicone)은 반도체 원료인 순수한 규소 원소(Silicon)가 아니라 규소와 산소가 결합한 고분자 화합물이에요. 한글로 쓰면 똑같지만, 영어 스펠링은 'e'가 있고 없고 차이가 있지요.

도핑으로 반도체에 전기를 흐르게 하는 방법은 이렇게 두 가지입니다. 최외각 전자가 1개 더 많은 원소를 불순물로 넣으면 전자(-)가 남아 이동하는 음(negative, 네거티브)의 전하를 띠는 반도체, 줄여서 'n형 반도체'가 됩니다. 반대로 최외각 전자가 1개 적은 원소를 불순물로 넣어 전자(-) 1개가 부족하면 정공(+)이 이동하는 양(positive, 포지티브)의 전하를 띤 반도체, 줄여서 'p형 반도체'가 탄생하지요.

이렇게 만든 트랜지스터 반도체는 진공관보다 작고 튼튼한 데다 저렴한 비용으로 대량 생산을 할 수 있습니다. 누구나 가질 수 있는 전자 기기를 만들어 '1인 1전자 제품' 시대를 가능하게 한 트랜지스터를 마법사라고 부를 만하지요? 첫 개인 휴대용 전자 제품으로 개발된 주인공은 트랜지스터라디오였어요. 누구나 한 대씩 들고 다니며 듣고 싶은 채널을 언제나 켜서 즐길 수 있는, 현대 스마트폰의 초기 버전이라고 할 수 있습니다.

p형 반도체와 n형 반도체가 만나 전자 혁명! 양극성 접합 트랜지스터 (BJT)

구조가 정반대인 p형 반도체와 n형 반도체를 잘 조합하면 다양한 기능의 전자 부품을 만들 수 있어요. 음(-)전하를 띤 n형 반도체에서는 전자가, 양(+)전하를 띤 p형 반도체에서는 정공이 전류를 만드는 현상을 이용해 여러 명령 신호를 생성하는 거예요.

다이오드(diode)라는 반도체 소자가 있습니다. p형과 n형을 붙여 전류가 한쪽으로만 흐르게 제어하는 부품이지요. 다이오드가 전기 흐름의 방향을 통제하는 방법을 알아볼게요. p형 반도체에는 음(-)극을 연결하고, n형 반도체에 양극(+)을 연결합니다. 그럼 p형에서는 정공(+)들이 나와서 음극(-)으로 향하고, n형에서는 전자(-)가 나와 양극(+)으로 달라붙지요. 양쪽 반도체의 전하가 서로 반대편으로 몰려가게 됩니다. 그래서 이렇게 전극을 연결하면 전류가 흐르지 않지요. 이런 전기 회로는 '역전압'이 걸렸다고 표현해요.

순방향 다이오드 / 역방향 다이오드

이번엔 반대로 해볼게요. p형 반도체에 양(+)극, n형 반도체에 음(-)극을 연결합니다. p형에서는 정공(+)이 나와 반대편 음(-)극으로 향하고, n형에서도 전자(-)가 전압이 들어오는 반대편 양(+)으로 이동합니다. 즉 회로에 전류가 흐르게 되지요. 다이오드는 이런 n형과 p형 반도체의 특징을 이용해 전류를 한쪽으로만 흐르도록 해 제어하는 정류 장치입니다.

트랜지스터 역시 p형과 n형을 접합한 구조는 다이오드와 같아요. 그런데 반도체가 세 겹이에요. p형 반도체 사이에 n형

양극성 접합 트랜지스터(BJT, Bipolar Junction Transistor) 작동 원리

반도체를 끼운 'pnp형 트랜지스터'와 n형 반도체 사이에 p형 반도체를 끼운 'npn형 트랜지스터'가 있습니다. 다이오드는 같은 두께로 n형과 p형을 붙이지만, 트랜지스터는 가운데 반도체 두께가 마이크로미터(um) 혹은 나노미터(nm) 단위로 아주 얇아요. 50~100마이크로미터 굵기인 사람의 머리카락보다도 훨씬 가늘죠.

pnp 트랜지스터는 가운데 n형에 접속된 전극을 베이스(B),

p형에 접속된 전극 하나는 이미터(E), 다른 한쪽은 컬렉터(C)가 됩니다. pnp 트랜지스터의 왼쪽 p-n 부분, 오른쪽 n-p 부분을 나눠서 보면 다이오드와 똑같은 구조입니다. 왼쪽 회로에 순방향 전압을 걸어봅시다. 양극(+)이 연결된 p형 반도체에서는 양공(+)은 오른쪽으로 밀려나고, 반대로 음극(-)이 연결된 n형 반도체에서는 전자(-)는 왼쪽으로 이동하면서 전류가 흐르죠. 이때 오른쪽 회로에 역전압을 걸어요. n형 반도체에 양극(+), p형 반도체에 음극(-)을 연결하는 거예요. 다이오드였다면 전류는 흐르지 않았을 겁니다. 그런데 얇은 n형 반도체 덕에 새로운 현상이 일어나요. 왼쪽 p형 반도체에 있던 양공(+)들이 쉽게 n형을 지나 반대편 오른쪽으로 건너와 음극(-)을 향하는 거예요. 그래서 역전압이었던 오른쪽 회로에도 전류가 흐릅니다.

이 회로에서 왼쪽 p형 반도체는 양공(+)을 내보낸다는 의미인 이미터(Emitter), 오른쪽 p형 반도체는 모여든 양공(+)을 수집한다는 뜻의 컬렉터(Collector)가 됩니다. 사이에 낀 얇은 n형 반도체가 베이스(Base)가 되지요. 베이스에 전압을 걸었다 끊었다 하면서 전류의 흐름을 제어하는 게 트랜지스터의 스위치 기능이에요.

여기서 베이스에는 문을 여는 정도의 약한 전류만 흘러도 이미터에서 컬렉터로 강한 전류가 흐르죠. 이것이 트랜지스터의 증폭 작용입니다. 2개 극성(바이폴라, Bipolar)으로 만든 트랜지스터 반도체의 증폭 작용을 이용해 작은 소리가 귓속에서 크게 들리도록 하는 보청기, 앰프를 발명했어요. 마이크에 들어온 소리는 전기 신호로 바뀌어 트랜지스터를 통과하면서 증폭돼 스피커에서 아주 큰 소리가 됩니다. 작은 신호를 증폭시켜 멀리 보내면 전화기도 만들 수 있습니다.

금속 산화물 반도체
(metal oxide semiconductor)

p형 반도체와 n형 반도체를 접합한 양극성 접합 트랜지스터 (BJT, Bipolar Junction Transistor)는 진공관을 대체한 훌륭한 발명품이지만 아주 정교한 회로까지는 만들지 못했습니다. 스위치를 꺼도 전류가 미세하게 흘러 전력 소비가 많았고, 복잡한

명령을 설계하는 데 구조적인 한계도 있었거든요.

더 복잡한 신호로 보내 더 정교한 기능을 수행하는 반도체 연구가 계속됐습니다. 그래서 탄생한 다음 트랜지스터는 npn형 또는 pnp형 BJT와 원리는 비슷하지만 구조가 다른 전기장 효과 트랜지스터(FET, Field Effect Transistor)입니다. BJT가 전류를 증폭시켜 전기 신호를 조절했다면 FET는 전압을 이용합니다.

베이스에 계속 전류가 흘러야 작동했던 BJT와 달리 FET는 게이트에 일정 전압이 가해지기만 하면 이후 작동 상태를 유지하는 데 소모되는 전류는 거의 없습니다. 훨씬 효율적인 반도체인 거죠.

FET도 BJT와 마찬가지로 전기 흐름을 제어해 신호를 조절하는 스위칭 작용을 해요. BJT가 베이스에 전류를 흘려 이미터에서 컬렉터로 전자 혹은 정공을 밀어내듯이 FET에서는 게이트(G)의 전압을 조절해 소스(S)와 드레인(D) 사이 전류량을 조절하며 신호를 제어합니다. 반도체 산화막 위쪽에 달린 게이트가 스위치 역할을 하는 거예요. 누르면 채널이 열려 전자 혹은 전공이 흐르고, 떼면 채널이 닫혀 전류가 흐르지 않지요.

현재 집적 회로에 많이 사용하는 반도체 소자가 FET입니다. MOSFET(모스FET)가 대표적이지요. 반도체 재료를 쌓은 순서대로 알파벳을 조합한 이름이에요. 위부터 알루미늄(금속, Metal), 산화막(Oxide), 규소(Silicon) 순입니다. 가장 윗부분은 이제 금속 대신 폴리 실리콘을 많이 쓰지만 이름은 여전히 모스라고 해요.

BJT에 npn형과 pnp형이 있는 것처럼 MOSFET도 n채널과 p채널이 있어요. p형 반도체 몸통에 n채널이 형성되면 엔모스(NMOS), n형 반도체 몸통에 p채널이 형성되면 피모스(PMOS)가 됩니다.

MOSFET는 엔모스의 경우 p형 반도체에 n형 불순물을 우물처럼 두 군데 주입하고 그 가운데 영역에 산화막을 만듭니다. 그 위에는 금속을 얹습니다. 금속은 전압을 걸어 스위치 역할을 하는 게이트(G), n형 불순물이 들어간 우물의 한쪽은 소스(S)와 다른 쪽은 드레인(D)이 됩니다. n형 반도체에 전자(-)가 풍부하게 들어있겠지만 중간에 공간을 두고 이어져 있지 않으니 전류가 흐르지는 않겠죠. 이제 게이트에 양극(+) 전압을 걸어볼게요. 그러면 몸통인 p형 반도체에 조금 존재하는 전자(-)가 위로 몰려가면서 부도체인 산화막 아래로 전하층(-)이 형성하지요. 양쪽 n형 우물 사이에 통로가 생긴 거예요. 이 통로를 채널이라고 해요. 채널을 따라 떨어져 있는 소스와 드레인 사이를 전자들이 이동하면서 전류가 흐르게 됩니다.

반대로 피모스는 n형 반도체 위에 p채널이 형성된 구조이고요. 초기에는 피모스를 쓰다가 성능을 개선해 엔모스가 발명됐고, 두 가지 방식을 결합한 시모스(CMOSFET)가 현재는 많이 사용됩니다. n채널과 p채널을 직렬과 병렬로 늘어 놓는 방식으로 다양하게 설계해 전기 신호를 만들면 여러 명령을 할 수 있어요. 고성능 컴퓨터를 만드는 집적 회로의 논리 회로나 메모리, 디지털카메라의 메모리 칩, USB 등을 이렇게 만들어요.

전자 기기 시대를 연 집적 회로(IC)

컴퓨터와 스마트폰 내부를 뜯어보면 수많은 부품이 얇고 굵은 선으로 거미줄처럼 연결돼 있습니다. 이 가운데 하나라도 끊기거나 제대로 역할을 다하지 못하면 원하는 기능을 완벽하게 구현할 수 없어요. 기술이 발전하면 오류는 줄어도 사람들의 기대가 커져 성능은 높아지고 기능은 늘어나게 마련입니다. 그럴수록 전자 제품에 들어가는 부품 수도 늘어나요. 더 많은 신호가 오갈 수 있도록 더 정확하고 정밀하게 회로를 설계

이렇게나 많은 부품이?!

해야 하지요.

그런데 한 가지 신기한 것은 기능이 늘어도 전자 기기의 크기는 작아진다는 점이에요. 1980년대 대중화되기 시작했던 휴대전화는 별명이 '벽돌 폰'이었습니다. 정말 벽돌처럼 크고 무거웠거든요. 하지만 기능이라고는 전화를 걸고 받는 것밖에 없었어요. 심지어 문자 메시지도 없었습니다. 그나마 도심에서 조금만 벗어나면 수신이 잘되지 않아 전화 연결도 불안했지요.

탑재한 부품 수가 늘어나도 소형화될 수 있었던 건 집적 회로(IC, Integrated Circuit)의 발명 덕분입니다. 1958년 미국의 반도체 업체인 텍사스 인스트루먼츠의 과학자 잭 킬비가 처음 개발한 집적 회로는 실리콘 조각 위에 트랜지스터와 저항, 커패시터를 한꺼번에 올린 작은 칩이었어요. 같은 시기 페어차일드 반도체의 로버트 노이스도 비슷한 IC를 고안해 특허권을 땄습니다.

지금 반도체 소자들을 생각하면 단순하고 간단하지만 하

나의 기판에 올린 여러 부품을 전선으로 연결하는 개념은 전자 사업의 혁명이었습니다. 더 작은 공간에 더 많은 트랜지스터 소자를 쌓는 반도체 경쟁은 이 아이디어에서 시작됐지요. 킬비와 노이스는 세계 전자 산업의 폭발적 성장의 토대를 만든 IC를 발명한 공로를 인정받아 2000년 노벨물리학상을 받았습니다. 노벨상은 살아 있는 사람에게만 상을 주기 때문에 1990년 사망한 노이스는 받지 못했어요. 킬비는 수상 소감에서 노이스의 업적을 이야기하며 당시 치열하게 노력했던 연구자들을 떠올리게 했어요. 노이스는 1968년 고든 무어와 함께 세계 최대의 반도체 회사인 인텔을 설립한 사람이기도 합니다.

집적 회로가 전자 산업의 혁명이라고 불린 것은 '1인 1전자 제품' 시대를 본격적으로 열었기 때문이에요. 모든 집에 라디오와 TV가 생겼고, 1980년대에는 각 가정에 컴퓨터가 한 대씩 설치됐습니다. 1990년대 개인 휴대전화, 2000년대 개인 노트북이 가능했던 것도 IC가 있어 가능했어요. 스마트폰 시대도 마찬가지입니다.

전자 제품에 들어가는 부품은 트랜지스터 등 수십 개 정도가 전부였지만 기술 발전과 함께 수백 개, 수천 개, 수만 개, 수백만 개로 집적도가 높아졌습니다. 부품 수만 늘어난 게 아니라 신호를 전달하는 정확도는 올라가고 소모하는 전력은 줄어들었습니다. 오래 쓰면 기계가 뜨거워져 멈추거나 터지는 일도 줄었고, 배터리도 한 번 충전하면 유지되는 시간이 길어졌습니다. 같은 공간에 더 많은 반도체가 탑재되면서 기능이 향상된 것이지요. 기술 개선을 통해 더 정교하게 신호를 제어하며 복잡한 명령을 내리는 고성능 기계가 탄생하는 선순환으로 이어집니다.

실리콘 덩어리가 반도체 칩이 되다

규소로 웨이퍼(wafer)를 만들어 전기 신호를 전달할 회로 패턴을 그려 넣은 반도체 칩을 완성하기까지는 크게 다음과 같은 8가지 과정을 거칩니다.

우선 반도체 기본 재료인 웨이퍼를 만들려면 실리콘(규소)으로 잉곳(Ingot)을 형성해야 해요. 고온에서 녹인 실리콘 용액을 천천히 식히면서 잡아당기면 둥근 기둥, 즉 잉곳을 만들 수 있습니다. 이 기둥을 얇게 썰어낸 뒤 표면을 매끄럽게 연마하면 커다랗고 둥근 판 모양의 베어(bare) 웨이퍼가 완성됩니다. 이제 그 위에 그물처럼 생긴 반도체 회로를 그립니다. 동그란 판 위에 네모난 칩들이 줄지어 있는 모습이 마치 과자 웨하스(웨이퍼) 같다고 해서 이 실리콘 판의 이름을 '웨이퍼'라고 붙였습니다. 한국에서는 보통 웨하스라고 하죠. 일본을 통해 들어온 웨하스를 일본어와 똑같이 발음해서 그렇다고 해요.

이렇게 만든 웨이퍼는 표면에 먼지와 이물질이 붙지 않게 보호막을 씌웁니다. 산화막(酸化膜, silicon dioxide film, 반도체가 산소와 반응해서 생성되는 얇은 막)을 형성하는 산화 공정이라고 해요. 그 위에 설계해둔 회로를 그립니다.

이때 회로를 완성하는 과정은 한 번에 끝나지 않아요. 미술 시간에 판화를 찍어냈던 과정을 떠올리면 이해하기 쉬울 거예요. 풀밭에 빨간 꽃과 노란 꽃을 판화로 그린다면 풀과 꽃대, 빨간 꽃, 노란 꽃을 각각 판에 새겨요. 우선 풀을 새긴 판에 초록색 물감을 묻혀 종이에 찍어냅니다. 다음은 꽃대 판에 갈색 물감을 칠하고 풀이 찍힌 종이 위에 다시 한 번 찍어내지요. 빨간 꽃잎과 노란 꽃잎도 같은 과정을 차례로 거치면 한 장의 그림이 완성됩니다.

웨이퍼는 마스크라고 불리는 유리판에 밑그림을 그려요. 그림을 그리는 펜은 빛, 광원이에요. 보통 자외선으로 그립니다. 수만, 수억 개의 부품과 연결선을 커다란 마스크에 세밀하게 그린 후 현실을 작은 사진기 화면 속에 찍어내듯 축소해 산화막에 차례로 새기는 거예요. 이 과정이 필름을 인화하는 작업과 비슷해 포토 공정이라고 해요.

회로 패턴을 웨이퍼 위에 다 옮기면 신호 전달에 필요 없는 부분은 잘라냅니다. 남겨야 하는 부분에 산화막을 씌우고 부식액에 담아 보호막이 없는 부분만 깎아내는 거예요. 웨이퍼에서 회로만 남기고 제거하는 식각 공정이에요.

이제 웨이퍼 위에 층층이 쌓은 회로끼리 잘 연결되고, 또 구분돼 전기 신호를 제대로 전달할 수 있도록 얇은 막(박막)을 증착합니다. 마지막으로 전기가 통하지 않는 반도체(실리콘)에 전기 신호가 흐를 수 있도록 이온을 주입해서 전기적 특성을 갖게 만들어요. 신호가 입력되는 통로인 금속 선까지 본체와 연결하면 하나의 반도체 칩이 완성됩니다.

웨이퍼 제조에서 금속 배선 공정까지, 칩 성능을 결정하는 과정들을 반도체 전(前)공정이라고 해요. 이후 품질 테스트와 포장하는 과정이 반도체 후(後)공정입니다.

후공정 중에 완성된 칩의 품질을 검사하는 EDS(Electrical Die Sorting) 공정은 쉽게 말해 불량품을 찾아내는 과정이에요. 웨이퍼에 새겨진 반도체 칩 하나하나를 다이(Die)라고 하는데 불량 다이를 솎아내는 거예요. 검사까지 마친 칩은 외부 충격에서 회로를 보호하고, 다른 집적 회로나 전자 기기에 연결하기 쉽도록 포장(패키징)해 판매합니다. 탑재할 부품 크기와 용

도에 따라 포장 재질과 패키징 형태가 달라지기도 해요.

전공정과 후공정은 3장에서 반도체 기업들을 구분할 때 다시 설명할 테니 기억해두기로 해요.

반도체가
'쌀'이라
불리는 이유

지금은
규석기 시대!

인류의 문명은 새로운 도구가 등장할 때마다 획기적으로 발전해왔습니다. 돌을 가공한 석기 시대부터, 금속을 다룬 청동기 시대, 철을 녹여 단련하는 방법을 깨달은 철기 시대까지 매번 기존 문명을 뒤엎는 혁명으로 역사가 바뀌었지요.

찍개, 찌르개, 밀개…. 구석기 시대 유물을 현대 사람이 보면 무척 단순해 보입니다. 하지만 인간만이 가진 아주 특별한 재능, 도구를 만드는 능력이 수십만 년 전부터 있었다는 중요한 증거이지요. 이 재능은 인류 역사에도 아주 큰 변화를 가져왔습니다. 맨손으로 하던 일을 돌이라는 도구를 사용하니 곡식 생산량이 이전보다 훨씬 많아졌어요. 먹거리와 식재료를 찾아 떠돌던 인류는 농업을 통해 정착 생활을 시작했습니다.

인간이 금속을 다루기 시작하면서 세상은 더 빠르게 변합니다. 아주 강한 힘을 갖게 됐으니까요. 벼농사 효율이 높아져 쌀은 온 가족이 먹고도 남았어요. 잉여 생산분으로 다른 사람과의 거래, 부족과 지역 간 무역을 하기 시작했죠. 이를 통해 더 큰 부를 축적한 집단이 생기면서 사회에 계급이 등장합니다.

특히 철은 인류에게 아주 특별한 재료였어요. 그동안 사용했던 어떤 금속보다 더 깊게 땅을 팔 수 있는 도끼와 낫을 만들면서 농업 기술은 비약적으로 발전합니다. 풍부하게 생산한 식량을 바탕으로 생활에 여유가 생기면서 인구가 폭발적으로 증가했죠. 단검, 창 등 무기가 발달하면서 전쟁으로 마을과 부족, 지역을 통합한 거대한 세력이 나타나 도시와 국가가 탄생했습니다.

이제는 환경오염의 주범으로 불리지만 19세기 인류 최고의 발명품으로 불린 플라스틱은 엄청난 편의성을 가져와 삶의 질을 높였습니다. 세라믹과 실리콘 등 20세기에 이어 21세기까지 새로운 소재와 기술 경쟁으로 문명은 계속 발전하고 있지요.

기원전 70만 년 경 시작한 한반도 석기 시대는, 수십만 년간 이어진 뗀석기가 기원전 8000년에 끝나고 신석기(간석기)로 넘어갔습니다. 신석기가 다시 6000년 이어져 기원전 2000년쯤 청동기 시대가 됐고, 다시 1500여 년이 지나 기원전 400년 철의 시대를 도래합니다. 소재를 중심으로 한 시대 구분은 현대로 올수록 주기가 점점 빨라집니다. 산업화 후 철강에서 유리, 플라스틱에 이어 나노 소재까지 19~21세기는 200년 남짓한 시간에 많은 주기가 지나가며 사회도 빠르게 변화했어요.

우리가 사는 현대 문명은 반도체 시대라고 부를 만합니다.

트랜지스터 반도체가 등장하기 전후 생활은 완전히 다르니까요. 그래서 반도체의 재료인 규소를 붙여 '규석기 시대'라고도 하지요. 컴퓨터, 스마트폰, 카메라, 자동차, 냉장고, 세탁기 등 전자 제품부터 USB 메모리, SD카드 등 각종 데이터를 저장할 수 있는 장치뿐 아니라 교통카드, 전자 여권까지 반도체로 둘러싸인 세상입니다. 시계처럼 손목에 차는 기기는 반도체 덕분에 심장 박동, 호흡, 스트레스 지수까지 신체 움직임을 인지합니다. 앞으로는 어떤 소재와 기술이 등장해 새 시대를 열까요?

반도체는
왜 필요했을까?

인류 전체 역사에서 철기 시대는 비교적 최근이지만 철은 아주 오래전부터 지구에 존재했던 물질입니다. 쇠를 녹여 불순물을 첨가한 뒤 두들기고 단련하는 기술을 습득하기 전까지는 그저 돌무더기에 섞인 아무것도 아닌 재료였던 거죠. 강하고 튼튼한 도구로 만드는 데 쓸모가 생기면서 세상을 바꾼 재료가 됐습니다.

반도체 칩의 재료인 규소도 마찬가지입니다. 상온에서는 전기가 통하지 않는 반도체에 불순물을 넣으면 전류 흐름을 제어하는 소자를 만들 수 있는 기술이 나타나고 나서야 반도체 시대가 열릴 수 있었습니다. 흔한 물질도 인간이 가공법을 발명한 후에야 혁명의 주인공이 됩니다. 그런데 인류는 왜 전기 신호를 조절하려고 했을까요?

진공관에서 트랜지스터 반도체까지 기술 개발이 이어지던 시절에 사람들은 통신과 계산기에 관심이 많았습니다. 전화와 라디오 신호를 더 멀리 보내려고 증폭시키는 기능을 연구하다 진공관을 발명했지요. 이 증폭 현상을 이용해 전기를 교류로 바꿔 더 멀리까지 전송하면서 모든 가정이 전기를 쓸 수 있었습니다. 전자 제품을 고장 없이 쓸 수 있도록 배달된 교류 전기를 전압 크기가 일정하고 한 방향으로만 흐르는 직류로 바꾸는 것도 다이오드라는 반도체의 기능이에요.

전류를 흘리고 차단하며 신호를 제어하는 방식은 디지털

신호의 기본인 0과 1의 이진법 개념을 만들었고 방대한 공식을 빠르고 정확하게 계산하는 데도 활용할 수 있었습니다. 컴퓨터(computer)라는 단어는 원래 의미가 '계산기'인데 주판, 계산자, 톱니바퀴 계산기 등 이미 수학자들은 시대마다 '컴퓨터'를 만들어냈지요.

그런데 2차 세계대전이 발발하면서 계산해야 하는 양은 기하급수적으로 늘었고 시간도 초를 다툴 정도로 급해졌습니다. 전투기를 띄워 적에게 들키지 않고 접근할 수 있는 항로를 그리고, 적진에 투하할 포탄 궤도를 결정하는 일은 어마어마한 계산을 통해 경우의 수를 따져 정확하게 판단해야 했고, 아주 빠르게 이뤄져야 했어요. 오류가 생기면 목숨을 잃으니까요. 그러다 인간 두뇌의 용량을 넘어서는 계산을 맡아줄 첫 컴퓨터 에니악이 전쟁을 통해 1945년 등장합니다.

산업혁명 이후 철강을 다루면서 인간의 제조 능력은 지구 역사상 유례 없을 만큼 빠르게 성장했습니다. 대형 선박, 항공기가 국경을 넘나들며 이동했고 기업의 무역 규모가 국가 예산보다 커졌죠. 이 같은 제조 능력과 전자 제품의 기능을 계속 발전시키는 반도체 기술이 만나 디지털 산업은 수십 년간 놀랍게 발전했습니다.

롬(ROM), 램(RAM), 플래시 메모리

반도체 종류는 용도에 따라 다양합니다. 크게 데이터를 기억·저장하는 '메모리 반도체'와 연산·제어 등 데이터를 처리하는 '시스템 반도체'로 나뉩니다. 시스템 반도체는 '메모리가 아니다'라는 의미로 '비메모리'라고도 불러요. 한국 기업들이 세계 시장에서 유독 높은 경쟁력을 보이는 메모리 반도체를 강조하다 보니 한국에서만 특별히 사용된다고 해요.

메모리와 시스템의 역할 구분은 부엌에 비유할 수 있어요. 요리할 때는 식재료를 담아둘 공간도 있어야 하고, 썰고 다듬는 공간도 필요합니다. 메모리 반도체에서 재료를 보관하고 있다가 시스템 반도체에서 조리하는 거예요.

한편 메모리 반도체에는 램(RAM)과 롬(ROM)이 있습니다. 램은 D램(Dynamic RAM)과 S램(Static RAM)으로 나뉩니다. 롬은 종류가 많지만, 플래시 메모리(Flash Memory)가 대표적이에요. 플래시 메모리는 구조에 따라 낸드(NAND)와 노어(NOR)로 나눕니다. 반도체 특징을 하나씩 알아보도록 해요.

메모리 반도체 가운데 램은 데이터를 쓰고 읽고 수정할 수 있지만 전원이 끊기면 정보가 사라지는 특성이 있습니다. 그래서 휘발성 메모리라고 해요. 컴퓨터가 갑자기 꺼졌을 때 작업 중인 문서나 그림이 몽땅 날아간 경험이 있을 거예요. 프로그램 작업 공간인 D램 혹은 S램에 있던 데이터가 하드디스크와 같은 저장 장치에 기록되지 않은 상태에서 전원이 끊겼기 때문이에요.

D램은 시간이 지나면 정보가 사라지는 특성이 있어요. 그래서 주기적으로 충전해야 하는 메모리입니다. 반응 속도는 느리지만, 전력 소모가 적은 데다 집적도가 높아 대용량 기억 장치로 많이 씁니다. 프로그램이나 작업 중이었던 데이터의 처리 결과를 기억하는 역할을 하는 거예요. 컴퓨터 메인 메모리로 많이 사용되는 D램은 한국 반도체 기업들의 기술력이 세계에서 가장 높습니다.

D램보다 트랜지스터 구조가 복잡한 S램은 반응 속도가 매우 빠른 메모리예요. 기억할 수 있는 용량은 작아도 속도가 빠른 장점을 갖고 있어서 컴퓨터 중앙 처리 장치(CPU)와 연동되는 캐시 메모리로 사용합니다. 정보를 유지하는 데 전력 소비가 크고 가격이 D램보다 비싸다는 것이 단점이에요.

롬은 한 번 기록한 데이터를 변경할 수 없고, 읽을 수만 있어요. 하지만 전원이 꺼져도 정보는 그대로 유지되는 비휘발성 메모리이지요. 예전에 음악을 듣거나 영화를 볼 때 사용했던 CD와 DVD를 떠올리면 롬이 어떤 장치인지를 쉽게 이해할 거예요. 컴퓨터나 전자 제품을 켜면 자동 실행되면서 기기의 시동을 거는 프로그램이 있는데, 기계 작동을 위한 기본 처리 기능이 탑재된 프로그램도 롬에 들어있습니다. 에어컨과 냉장고, TV, 세탁기, 청소기를 사용하지 않을 때 전원을 꺼놔도 설정들이 사라지지 않는 것은 이런 프로그램이 롬에 저장된 덕분이지요.

반도체 기술이 발전함에 따라 기록을 수정할 수 없는 롬은 활용도가 예전보다 많이 떨어져 다른 고기능 메모리로 대체되고 있어요. 전원이 끊겨도 데이터가 유지되는 롬의 특징과 기록을 쓰고 읽는 램의 특징을 동시에 가진 메모리들이 등장했거든요. 바로 롬의 한 종류로 구분되는 플래시 메모리입니다. 정보를 읽는 속도가 빠르고, 전력 소모가 적은데 전원을 꺼도 데이터는 지워지지 않아요. CD나 DVD처럼 따로 데이터를 읽기 위한 장치를 장착할 필요도 없죠. 이동식 저장 장치로 단자에 꽂기만 하면 정보를 활용할 수 있는 USB 메모리나 디지털카메라의 메모리 카드가 바로 플래시 메모리입니다.

　플래시 메모리는 노어(NOR)와 낸드(NAND)로 구분됩니다. 노어는 셀을 수평으로 조합하기에 용량을 많이 늘릴 수는 없지만 읽는 속도가 빠르고 데이터 안정성이 높아요. 휴대전화 메모리로 많이 씁니다. 반면 셀을 수직으로 쌓는 낸드는 용량을 키우면서도 작게 만들 수 있어서 전자 제품의 저장 장치 부품으로 많이 사용해요. 튼튼하고 전력 소모도 적습니다.

　특히 낸드 플래시인 SSD(Solid State Drive)는 HDD(Hard Disk Drive, 하드디스크드라이브)의 역할을 빠르게 대체하고 있습니다. HDD는 반도체가 아니라 자기장 원리로 기록하고 지우는 구조입니다. 저렴해서 컴퓨터 등에 가장 많이 사용하는 저장 매체이지요. 하지만 속도가 느리고 충격에도 약하다는 단점이 있어요.

　컴퓨터는 CPU(중앙 처리 장치)와 램(주 기억 장치), HDD(보조 기억 장치)가 성능에 핵심적인 영향을 미칩니다. CPU와 램은 반도체 기술의 발전 속도에 따라 기능이 빠르게 향상돼 왔는

인공지능을 예견한
폰 노이만

우리가 사용하는 디지털 컴퓨터는 CPU와 메모리, 프로그램 세 요소로 운영됩니다. 처리에 필요한 프로그램 명령에 따라 메모리 영역에서 데이터를 꺼내고 입력 값을 CPU에 전달하면 연산이 이뤄집니다. 작업이 끝난 연산은 다시 메모리에 저장되지요.

1930년 수학자 폰 노이만이 설계해 '폰 노이만의 구조'로 불리는 이 같은 연산은 프로그램이 내장된 최초의 컴퓨터 방식이에요. 그전까지 처리하려는 연산을 바꾸려면 배선 위치를 바꾸는 등 하드웨어를 교체해야 해서 번거롭고 시간도 오래 걸렸는데 소프트웨어, 즉 프로그램만 바꾸면 다른 연산을 수행할 수 있는 것입니다.

노이만이 처음부터 저장-처리를 나눠 설계하려고 하진 않았어요. 인간 두뇌가 기억과 생각의 공간을 따로 두지 않는 것처럼요. 사람 대신 계산하기 위해 만든 컴퓨터 역시 인간의 두뇌와 같은 구조여야 더 발전할 수 있다고 봤거든요. 하지만 당시 기술로는 동시에 진행하는 게 불가능했어요. 저장 공간의 데이터를 연산 공간으로 불러오는 과정의 속도,

전송률이 결국 성능 개선에 한계로 작용할 것이라는 점을 알고 있었고, 미래에 기술이 발전하면 인간 뇌처럼 움직이는 기계, 즉 현재 시점에서 보면 인공지능이 등장할 것이라는 예견도 했습니다.

실제로 최근 반도체 연구는 집적도를 넘어 저장과 연산 기능을 합치는 융합 기술로 진화하고 있습니다.

역할이 점점 늘어나는 GPU(그래픽 처리 장치)도 마찬가지입니다. 원래 컴퓨터에 장착된 그래픽 카드인 GPU는 CPU의 연산 결과를 글이나 그림 신호로 처리해 화면에 출력하는 부품으로 개발된 회로입니다. 그런데 영상과 게임에서 요구하는 그래픽 사양이 점점 높아지면서 빠르게 기술이 발전했고, GPU와 CPU를 결합하려는 연구가 계속되고 있습니다. 그래픽 연산과 생성뿐 아니라 컴퓨터의 두뇌 역할까지 한꺼번에 감당할 수 있는 엄청난 능력의 반도체 칩을 구상하기 시작한 것이죠. 롬과 램이 하나의 칩에서 구현되거나 메모리 반도체와 시스템 반도체를 합치는 시도가 계속되고 있지요.

나노 공간에 앞으로는 얼마나 더 많은 반도체가 집적될까요? 하나의 칩으로 가능한 기능은 어디까지 확장될까요?

데 HDD는 물리적으로 기능을 개선하는 데는 한계가 있어요. 그러다 보니 HDD의 데이터 공급 속도가 항상 컴퓨터 기능 개선의 발목을 잡았죠. 이때 반도체를 이용해 만든 데이터 저장 장치인 SSD가 등장한 거예요.

가전제품도 다양한 기능 선택과 시간 예약 등 제어가 필요한 설계가 늘면서 MCU(Micro Controller Unit)라는 시스템 반도체에 롬과 램을 내장한 새로운 형태의 칩이 개발됐습니다.

메모리 반도체에서 시스템 반도체로

전 세계에서 사용하는 반도체의 20퍼센트 정도를 한국 기업들이 만듭니다. 미국 다음으로 세계 2위를 차지하고 있어요. 2013년부터 무려 10년 가까이 세계 두 번째 자리를 유지 중이지요. 메모리 반도체만 보면 한국 기업이 만든 반도체가 절반이 넘습니다. 시장 점유율이 58퍼센트(2021년 기준)입니다. 특히 D램 반도체 시장 점유율은 무려 70퍼센트에 달합니다. 낸드 메모리도 48퍼센트이죠.

반도체 기술은 그동안 컴퓨터를 중심으로 발전해왔습니다. 그러다 2011년 첫 스마트폰이 나온 후에는 휴대전화에 탑재하는 메모리 반도체가 시장의 성장을 주도하고 있지요. 이 스마트폰 메모리는 한국 기업이 70퍼센트 넘게 점유하고 있습니다.

한국 기업들이 D램과 낸드 메모리에서 세계적 기술력을 확보하고 있다 보니 한국에서는 메모리 반도체에 대한 관심이 많지만 사실 전체 시장으로 보면 시스템 반도체가 제품 종류, 생산량, 소비량, 매출이 더 많아요. 전체 반도체 가운데 시스템 분야가 약 80퍼센트입니다.

세계 반도체 시장 통계 기구(WSTS)라는 곳에서 2022년 기준으로 조사를 했는데 시스템 반도체는 약 3456억 달러, 한국 돈으로 약 425조 원이고 메모리 반도체는 1344억 달러, 약 165조 원 규모였습니다. 시스템 반도체 규모가 훨씬 큰 거죠. 게다가 앞으로는 더 커진다고 해요. 한 시장조사 업체는

2025년 시스템 반도체 시장은 4773억 달러, 메모리 반도체 시장은 2205억 달러 규모가 될 것으로 예측했어요.

데이터와 작업 결과를 저장하는 메모리 반도체와 달리 연산을 담당하는 시스템 반도체는 다양한 제어 기술을 집약해 개발하는데, 논리적 연산을 수행한다는 의미로 로직 칩(Logic Chip)이라고도 부릅니다. 컴퓨터 중앙 처리 장치(CPU)와 스마트폰의 CPU인 AP(Aplication Processor)도 시스템 반도체입니다. 이미지 센서(CIS) 등 각종 센서와 스마트폰 등 휴대용 전자 제품은 배터리 전력을 관리하는 칩도 포함됩니다. 시스템 반도체의 종류가 다양한 것은 전자, IT 영역뿐 아니라 전기 차, 바이오, 에너지, 의료 등과 융합 기술로 활용되기 때문이에요. 사물인터넷(IoT), 로봇, 인공지능(AI) 등이 발전하면 프로그램을 제어하고 처리하는 시스템 반도체 수요는 더 증가할 겁니다.

시스템 반도체 시장은 미국 기업들이 60퍼센트 이상을 차지하고 있어요. 반면 한국 기업의 시장 점유율은 3퍼센트 수준에 불과합니다. 한국은 다른 선진국보다 수십 년 늦게 반도체 연구를 시작했기 때문이지요. 높은 수준의 기술이 있어야 만들 수 있는 시스템보다 비교적 진입 장벽이 낮은 메모리 반도체를 선택할 수밖에 없었습니다. 비교적 기술력을 따라잡기 쉬운 메모리 반도체는 대규모 최신 시설을 투자해 원가 경쟁력을 갖춘다면 앞서나간 기업들을 따라잡을 수 있습니다. 그동안 써왔던 메모리보다 집적도와 성능이 조금 더 개선된 반도체 양산에 성공해 빨리 대량 생산 구조를 만들면 기존 메모리를 빠르게 대체할 수 있기 때문입니다.

반면 시스템 반도체는 완성품의 용도, 제품 형태, 기기 사양, 성능에 따라 딱 맞는 기능으로 설계하는 경우가 많습니다. 똑같은 제품을 대량으로 찍어내 원가를 낮출 수 없는 구조인 거죠. 데이터를 연산하고 제어하는 반도체는 수많은 처리 과정을 오류 없이 실행할 정밀한 회로 설계도 필요합니다. 그러한 회로를 정밀하게 설계하는 능력이 필요하지요. 오랜 기간 연구를 축적해야만 다른 회사보다 앞선 기술을 내놓을 수 있어요.

컴퓨터 CPU 1위 자리를 놓지 않고 있는 미국의 인텔, 모바일 AP 설계에 강한 영국의 ARM이 시스템 반도체에서는 강자들입니다. 두 기업은 반도체를 생산하는 공장을 가지고 있지 않습니다. 훌륭한 반도체를 설계하는 기술력만으로 세계 시장을 석권합니다. 생산은 공장을 가지고 다른 기업의 주문을 받아 위탁 생산해주는 업체(파운드리, 본문 92쪽 참고)에 맡기면 되거든요.

특히 메모리 반도체는 먼저 생산해 재고를 쌓아 놓고 판매에 나서기 때문에 경기 불황으로 전자 제품 등의 수요가 줄어들면 덩달아 매출이 급감해 주변 상황에 영향을 많이 받는 특징도 있습니다. 반면 시스템 반도체는 설계가 핵심이어서 경기와 기술 변화에 대응하며 더 큰 부가 가치를 창출할 수 있습니다.

그래서 최근에는 한국 기업들도 시스템 반도체 기술력을 높이기 위해 애를 쓰고 있습니다. 설계만 전문적으로 하는 반도체 기업을 인수하는 방식으로 시스템 사업을 확대하기도 합니다. 설계 인력을 키우고 연구 자본을 투자해 다음 단계를 준비하는 것입니다.

반도체는
어디서
만들까?

반도체 칩의 크기는 손톱만 하지만 수많은 기업이 손잡아야 제품 하나를 완성할 수 있습니다. 복잡하고 수많은 제조 과정을 거쳐야 하기 때문이지요. 천문학적인 비용이 있어야 건설할 수 있는 공장, 과학자와 엔지니어 수백 명이 연구해야 하는 기술도 필요합니다.

칩은 어떤 기능을 담을지 구상해 전기 회로를 설계하고 실리콘으로 만든 웨이퍼 기판을 가지고 여러 공정을 거쳐 완성합니다. 완성된 반도체는 잘 포장해 검사를 하고 시장에 유통해요. 꽤 많은 과정을 거치는데 반도체 기업이라고 해서 이 모든 공정을 다 직접 하지는 않습니다.

특히 요즘은 전자 제품마다 특별한 기능을 구현하기 위한 시스템 반도체의 수요가 급증하고 있어요. 과거엔 하나의 표준화된 모델을 싸게 많이 만들어서 가격을 낮추는 것이 중요했지만 지금은 똑같은 부품을 탑재해서는 다른 제품과 차별화할 수가 없는 거예요. 반도체도 소품종 대량 생산에서 다품종 소량 생산 시장으로 넘어가고 있습니다.

이런 때에는 CPU, AP, GPU(그래픽 처리 장치), ASIC(주문형 반도체) 등 맞춤형 칩을 오류 없이 완성해 제때 납품하는 것이 가장 중요합니다. 공정 단계별로 첨단 기술을 다루는 고도의 전문성이 필요한 거예요. 반도체 시장에서는 나라별로, 기업별로 각 공정을 잘하는 영역이 구분돼 있습니다.

세계 각 국가의 경제가 국경을 넘나드는 상품과 서비스, 자본의 무역에 의존하는 현상을 세계화라고 합니다. 세계화된 경제 안에서는 기술, 노동, 자본 등 각자 잘하는 부문별로 역할을 나눠 협업하는 구조를 만듭니다. 설계부터 생산, 조립, 검사, 유통까지 여러 과정을 거치는 반도체 생태계는 세계화의 수준이 가장 높습니다. 반도체를 자유롭게 생산·거래할 수 있도록 각국은 규제를 없애고, 관세도 낮추는 방향으로 무역망을 구축해왔지요. 그래야 어떤 분야를 맡든 반도체 시장이 성장할 때 최대 이익을 볼 수 있으니까요.

하지만 최근 반도체 제조 방식과 국제 관계에 큰 변화가 생기면서 산업 구조도 이전과는 많이 달라졌습니다. 달라진 반도체 생태계는 다음 장에서 더 자세히 알아보고 지금부터는 반도체의 세계화된 분업 구조를 반도체 기업들을 통해 살펴봐요.

종합 반도체 기업(IDM)

세계 반도체 시장은 설계를 잘하는 기업, 제조를 잘하는 기업, 포장을 잘하는 기업, 검사를 잘하는 기업들이 각자 장점을 발휘하며 단기간에 기술력을 월등히 높였습니다. 이렇게 분업화가 이뤄진 반도체 시장에서도 설계부터 생산, 조립, 검사, 유통의 전 분야를 종합적으로 담당하는 기업이 있어요. 이를 '종합 반도체 기업(IDM, Integrated Device Manufacturer)'이라고 부릅니다. 대표적으로 한국의 삼성전자와 SK하이닉스, 미국의 인텔, 마이크론, 텍사스 인스트루먼츠 등이 있습니다.

반도체 기본 재료인 웨이퍼의 생산 설비 팹(Fab, Fabrication facility)을 갖추고 반도체 설계부터 웨이퍼 가공, 포장, 검사까지 반도체를 만드는 모든 과정을 자체적으로 해냅니다. 필요한 소재와 장비도 직접 구매해 사용하고요. IDM이 주로 생산하는 반도체는 소품종 대량 생산에 적합한 메모리 분야입니다. 공정 효율성이 높거든요. 한국 대표 IDM인 삼성전자는 1993년부터 D램과 플래시 메모리 시장에서 세계 점유율 1위를 지키고 있어요.

사실 1980년대까지만 해도 전 세계 모든 반도체 기업은 전부 종합 반도체 기업 형태로 운영됐어요. 설계부터 생산까지 전부 직접 할 수밖에 없었습니다. 일부 공정만 전문적으로 하는 기업이 없었으니 따로 맡길 데도 없었으니까요.

그래서 반도체 사업을 시작하려면 우선 수십조를 들여 팹을 건설해야 합니다. 몇 년 전 삼성전자 이재용 회장은 경기도 화성에 새롭게 구축한 시스템 반도체 생산 라인을 소개하며 "인천공항을 세 개나 지을 수 있는 비용이 들어갔다"라고 설명해 현장에 있던 사람들이 놀라기도 했습니다. 그만큼 반도체 제조 시설에는 막대한 투자비가 들어갑니다.

시설만 투자하면 끝나는 것도 아니에요. 복잡해지는 반도체 설계를 제대로 칩에 구현하려면 공정에 필요한 새로운 기술을 끊임없이 개발해야 하지요. 훌륭한 인재를 꾸준히 확보해 연구를 이어가야 합니다. 과거 반도체 업체가 전 세계에 손에 꼽을 정도로 적었던 것은 이런 진입 장벽이 있어서였어요.

팹리스
(Fabless company)

팹은 생산 과정에서 조립을 제외하고 부품을 제조하는 공정을 뜻합니다. 웨이퍼 가공 사업이라고도 하는데, 순수한 웨이퍼

(베어 웨이퍼)에 가스를 주입하고, 전자 회로를 그려 넣는 등 화학 물질로 가공해 베어 웨이퍼를 반도체 칩으로 바꾸는 시설입니다.

뉴스에서 반도체 공장이라면서 머리부터 발끝까지 하얀 방진복을 입고 웨이퍼를 살피고 있는 사람들이 나오는 장면을 본 적이 있을 거예요. 이곳이 바로 팹 내부입니다. 반도체 생산 라인을 '클린 룸(Clean room)'이라고 하는데 반도체를 만들 때는 눈에 보이지 않는 아주 작은 먼지나 입자가 들어가도 품질에 엄청난 영향을 줄 수 있어 모든 것을 깨끗하게 유지해야 하기에 이런 이름이 붙었습니다. 칩에 새겨지는 전기 회로가 나노 단위이니 일상에서는 잘 보이지 않는 먼지도 신호에 오류를 생길 수 있게 하는 커다란 불순물이 되는 거죠.

그래서 고성능 필터로 공기를 정화하고, 반도체를 씻어내는 물도 일급수를 써야 해요. 방진복은 작업자 몸에 붙은 먼지 등 미세한 이물질이 밖으로 나가지 않게 막고, 집적 회로에 영향을 미치는 정전기까지 방지한다고 합니다.

팹은 넓은 땅, 비싼 설비와 기계, 기술 개발을 위한 연구비 투자와 우수한 인력을 확보해 구축하는 과정도 어렵지만 제조 시스템을 유지하는 데도 상당한 자본과 노력이 필요합니다. 클린 룸 운영과 오래된 장비 교체, 새 공정 기술 개발도 해내야 해요.

그런데 지금은 팹이 없어도(리스, less) 반도체를 만들 수 있는 세상이 됐습니다. 반도체를 생산하지 않는 반도체 기업도 있다는 거죠. 설계만 전문으로 하는 팹리스가 그런 기업입니다. 높은 기술력으로 반도체를 설계하고 생산은 팹을 갖춘 다른 업체에 맡기는 거예요. 미국의 퀄컴, 브로드컴, 엔비디아, AMD, 대만의 미디어텍, 노바텍, 영국의 다이얼로그 등이 팹리스 기업입니다.

그럼, 이렇게 완성된 반도체 칩에 대한 소유권은 누가 가질까요? 회로를 설계한 팹리스의 권한입니다. 영업권도 팹리스에 있어요. 칩을 생산하지 않는 팹리스 기업이 경쟁력을 갖는 방법은 세상에 나오지 않은 기능을 구현할 새로운 아이디어입니다. 신기술을 연구해 반도체 칩을 설계하는데, 주로 모바일 기기와 네트워크 장비 등에 사용하는 시스템 반도체를 팹리스에서 많이 개발합니다.

팹리스라는 기업 형태가 등장하면서 반도체 사업의 진입 장벽이 낮아졌습니다. 시설 없이 설계만 할 수 있으면 반도체 기업이 될 수 있으니 업체 숫자도 크게 늘었죠. 스마트폰 기업도 세계 반도체 시장을 주도하는 독보적인 주인공으로 떠오르고 있습니다. 애플은 AP와 운영 체계(iOS) 등 아이폰에 필요한 반도체를 직접 설계하는 대표적 팹리스입니다. 구글, 아마존, 알리바바(중국 최대 전자상거래 업체), 마이크로소프트 등도 자체적으로 설계를 하면서 시스템 반도체 분야에 진출했습니다.

반도체 설계 전문 가운데는 IP(Intellectual Property) 기업도 있어요. 한국어로는 지식 재산을 의미하는 특허권, 저작권을 뜻하기도 하지만 반도체 설계 기술만 개발하는 곳입니다. 반도체 설계에는 핵심 기능을 수행하는 표준 셀(standard cell)이 필요한데 보통 다양한 칩에 공통으로 적용할 수 있는 설계가 개발돼 있습니다. IP는 바로 이 설계를 만들어서 IDM, 파운드리 기업 등에 라이선스를 주거나 로열티를 받고 팝니다. 미리

짜놓은 IP를 사용하면 설계하는 기간을 단축할 수 있거든요.

IP의 특징은 반도체 칩은 만들지 않는다는 거예요. 팹리스는 다른 업체에서 칩을 제조해 팔지만, IP는 오로지 설계만 하기에 칩리스(Chipless)라고 부릅니다. 영국의 ARM, 미국의 시놉시스 등이 대표적인 IP입니다.

팹리스와 칩리스는 시설 투자와 운영 비용이 들지 않아서 상대적으로 적은 비용으로 반도체 사업을 시작할 수 있습니다. 시장과 환경 변화에 따라 유연하게 경영 방식도 바꿀 수 있지요. 설계 경쟁력만 가지고 있으면 세계에서 가장 우수한 기술력을 가진 공장에 맡겨 좋은 품질의 칩을 생산할 수 있다는 장점도 있죠.

하지만 팹리스는 생산 과정을 위탁한 기업의 능력이나 공장에 문제가 생기면 경영에 큰 차질을 빚기도 합니다. 위탁 생산 업체들이 늘어나 팹을 확보하는 데 경쟁이 치열해져 제조 비용이 생각보다 늘어나기도 해요. 이렇게 되면 반도체 생산이 계획된 일정대로 이뤄지지 않고, 원하던 완제품을 만들지 못하는 경우도 생길 수 있지요.

 ## 파운드리(Foundry)가
뜨는 이유

팹리스가 설계만 한다면 파운드리(Foundry)는 제조만 하는 반도체 기업입니다. 다른 기업이 설계한 반도체를 실제로 만들어 공급하는 역할을 하는 생산 기지입니다. 원래 금속이나 유리를 녹인 후 틀에 부어 찍어내는 공장을 의미하는 파운드리는 반도체 산업에선 생산 장비와 라인은 모두 갖추고 주문 받은 반도체를 만드는 기업을 뜻합니다. 파운드리의 고객이 바로 팹리스, 칩리스 기업 들입니다.

반도체 기업들이 설계와 생산, 테스트 등 각자 전문 분야가 있는 건 파운드리 등장이 계기가 됐습니다. 아무나 도전할 수 없었던 반도체 시장에 생산을 도맡아줄 곳이 생기면서 진입 장벽이 낮아진 거예요.

처음 반도체 위탁 생산을 도입한 곳은 대만 반도체 기업 TSMC(Taiwan Semiconductor Manufacturing Company)입니다. TSMC의 설립자 장중머우(張忠謀, 모리스 창) 전 회장은 1987년 대규모 팹을 건설해 놓고 자체 반도체 칩은 설계하지 않겠다고 선언했습니다. 막대한 투자비를 들여서 생산 라인을 지어 놨는데 반도체 설계 인력을 두지 않겠다고 하니 당시에는 말이 되지 않는 사업이라고 생각하는 사람들이 많았어요. 다른 기업의 설계를 받아서 이윤을 낼 만큼의 생산량을 채운다는 것은 그때만 해도 상상하지 못했던 경영이었거든요. 그래서 실패하리라는 전망이 많았습니다.

그런데 스마트폰이 대중화된 2010년을 전후로 반도체 시장이 급변했습니다. 모바일 기기에 대한 수요가 급증한 거예요. 집이나 회사에 컴퓨터를 한 대씩 놓고 쓰던 생활이 각자 노트북, 태블릿PC, 스마트폰을 들고 다니면서 일하고 휴식하는 방식으로 빠르게 바뀌었습니다. 휴대용 개인 전자 제품이 필수가 된 것이죠.

소비자를 사로잡아야 하는 IT 회사들은 특별한 기능을 구현할 기기를 계속 만들어야 했고, 더 많은 반도체가 필요했습니다. 저마다 특색을 가진 성능을 개발하니 제품은 다양해졌고 신제품이 나오는 주기도 빨라졌어요. 설계를 맡겨 빨리 생산할 수 있는 파운드리 수요가 폭발적으로 늘어난 것입니다.

파운드리가 반도체 생태계에 더 많은 기업이 진입할 수 있도록 했고, 그렇게 하면서 전보다 다양한 반도체가 탄생하는 계기도 만들었어요. 산업마다 반도체를 활용하는 방법도 늘어 반도체 시장 자체도 커졌습니다. 세계 파운드리 시장은 대만이 석권하고 있는데 TSMC는 2022년 말 기준 점유율이 58.5퍼센트에 달합니다. 위탁 제조 수익성이 크게 늘어 이제는 종합 반도체 기업들도 파운드리 사업에 대부분 진출했지요. 삼성전자는 점유율 15.8퍼센트로 2위인데 1위와의 차이가 꽤 큽니다. SK하이닉스와 DB하이텍, 대만의 UMC, 미국의 글로벌파운드리 등도 대표적 파운드리입니다. 인텔은 2018년 파운드리에서 손을 뗐다가 2021년 3월 재진출을 선언하기도 했어요.

파운드리 시장이 확대되면서 팹리스 기업뿐 아니라 팹리스가 맡긴 설계를 각 파운드리 설비에 바로 적용할 수 있도록 설계 조정만 전문으로 하는 반도체 기업도 생겼습니다. 이런 업체를 디자인 하우스라고 해요. 설계 전문 기업들을 통해 반도체에 대한 지식이나 관련 제조 경험이 많지 않아도 아이디어만 있다면 외주를 맡겨 원하는 칩을 만들어낼 수 있는 시대가 된 겁니다.

인공지능과 사물인터넷, 자율 주행 차 등 우리 생활을 편리하게 만들어줄 첨단 기술이 현실에서 구체화될수록 파운드리는 더 주목을 받을 거예요. 고도화된 기술을 구현하려면 결국 파운드리의 제조 능력이 핵심이 될 테니까요. 전 세계 IT 기업이 파운드리 업체와 협력 관계를 강화하려는 데는 이런 이유가 숨어 있지 않을까요?

 ## 패키징과 테스트 전문 OSAT

오류 없는 기술이 핵심인 반도체는 마지막 포장과 검사 공정도 높은 전문성이 요구됩니다. 웨이퍼에 전기 회로를 새겨 생성된 수백 개의 다이는 낱개로 잘라 리드와 패드를 금줄로 붙이고 습기와 온도 변화, 충격을 막아낼 플라스틱이나 세라믹으로 보호막을 씌웁니다. 웨이퍼가 칩으로 완성되는 순간이죠. 반도체 기업 중에는 이렇게 포장과 조립만 전문적으로 하는 패키징 기업들이 있습니다. 반도체는 핀이 양쪽으로 나란히 나오는 DIP 타입, 사방으로 나오는 QFP 타입, 작은 구슬 모양의 볼이 밑면으로 나오는 BGA 타입 등으로 패키징 형태에 따라 다양합니다. 자체적인 기술력이 부족했던 1960년대 한국 기업들이 조립을 담당하던 때도 있었습니다.

반도체는 최종적으로 전기 회로에 신호가 잘 통하는 검사를 거칩니다. 칩 하나를 완성하는 데까지 엄청난 돈과 시간이 들어간 만큼 높은 불량품 비율을 낮추는 것도 경쟁력이지요. 웨이퍼 한 장에서 설계된 칩(IC) 개수 가운데 결함 없이 생산된 정상 칩의 비율을 수율이라고 해요. 불량률의 반대말이죠. 수율이 높을수록 가격 경쟁력뿐 아니라 소비자 신뢰도 높아집니다.

이렇게 가공이 끝난 칩을 조립·포장·검사하는 과정을 반도체 후공정이라고 하는데 이 분야를 전문으로 맡은 기업들을 OSAT(Outsourced Semiconductor Assembly and Test, 외주 반도체 패키지 테스트)라고 해요.

최근 전자 제품은 저마다 기능과 성능이 달라 부품과 설계도 다양합니다. 다품종 소량 생산으로 시스템 반도체를 주로 생산하는 파운드리는 제조를 마친 칩의 후공정을 OSAT에 맡기고 있습니다. 완벽한 품질과 신뢰성을 담보하려면 전문적인 포장과 검사가 필요하기 때문이에요. 대만의 ASE, 미국의 Amkor, 중국의 스태츠칩팩 등이 대표적인 OSAT입니다. 한국에도 LB세미콘, SFA반도체, 하나마이크론, 네패스, 윈팩 등이 있습니다.

무어의 법칙에서
황의 법칙으로

반도체에는 시대마다 기술의 패턴을 나타내는 '○○의 법칙'이 존재합니다. '○○'에 들어가는 사람을 보면 세계 반도체를 주도하는 기업도 알 수 있습니다.

첫 주인공이자 이 법칙을 처음 만든 사람은 고든 무어였습니다. 반도체가 본격적으로 발전하기 시작했던 1965년, 반도체 집적 회로에 들어가는 트랜지스터 수가 1년마다 두 배씩 증가했다는 법칙을 발표했어요. 이것이 바로 '무어의 법칙'입니다. 컴퓨터가 기술 혁신을 주도하며 반도체 집적도를 매년 배로 키워 데이터 용량만큼 성능도 매년 두 배씩 좋아질 것으로 예측했습니다. 집적도 향상은 제조 원가를 낮춰 기업의 수익률을 높이는 효과를 가져오지요. 반도체 집적 기술의 발전 속도를 처음 예측한 무어는 10년이 지난 1975년, 집적도가 1년이 아니라 약 2년마다 두 배가 된다고 자신의 이론을 수정했습니다.

무어가 1968년 로버트 노이스와 공동 창업한 인텔은 실제로 이 법칙에 따라 발전해 반도체 집적도를 꾸준히 향상시키며 가파른 성장세를 기록했습니다.

무어의 법칙 이후 메모리 반도체에 신성장론으로 등장한 '황의 법칙'은 한국에서 탄생한 이론입니다. 반도체 메모리의 용량이 1년마다 두 배씩 증가한다는 예측이었어요. 삼성전자 반도체총괄 겸 메모리사업부장이었던 황창규 전 삼성전자 사장이 2002년에 발표했습니다. 반도체의 집적도가 두 배로 증가하는 시간이 1년으로 단축돼 기존 무어의 이론보다 빨라졌다는 것이죠.

특히 황의 법칙은 무어의 법칙과 달리 반도체 기술의 혁신을 주도하는 것은 컴퓨터가 아니라 모바일 기기, 디지털 가전제품 등입니다. 컴퓨터 아닌 분야가 혁신을 이끄는 시대가 된 것입니다. 실제로 삼성전자는 1999년 256MB(메가바이트) 용량의 낸드 플래시 메모리를 내놓은 후 2000년 512MB를 개발에 성공했습니다. 2001년에는 1GB(기가바이트), 2002년 2GB, 2003년 4GB, 2004년 8GB, 2005년 16GB, 2006년 32GB, 2007년 64GB로 늘어 이론을 증명했죠. 하지만 128GB는 2008년이 아닌 그 이듬해 발표돼 법칙이 깨졌습니다.

황의 법칙은 2020년 새롭게 등장합니다. AI를 작동시키는 GPU와 같은 반도체 성능이 2년마다 두 배 이상 향상된다는 이론입니다. 같은 '황'이지만 황창규 전 사장이 아니라 미국 엔비디아의 젠슨 황 최고경영자(CEO)가 주인공이에요.

새로운 황의 법칙은 칩 성능을 반도체 집적도가 아니라 인공지능의 처리 능력으로 예측합니다. 칩에 얼마나 많은 부품(트랜지스터)을 탑재할 수 있는지 따지는 것이 제조업 시대의 이론이라면, AI 시대에는 기술의 고도화가 더 중요하다는 측면에서 분석한 것이지요. 엔비디아가 경쟁력을 가진 GPU는 자율 주행과 같이 동시에 수행해야 하는 정보량이 많고 연산 속도가 빨라야 하는 기기에서는 핵심 소자입니다. 수많은 연산이 순간적으로 매끄럽게 처리돼야 하는 인공지능과 사물인터넷 환경에서 병렬 처리 능력이 갈수록 중요해지고 있다는 뜻입니다.

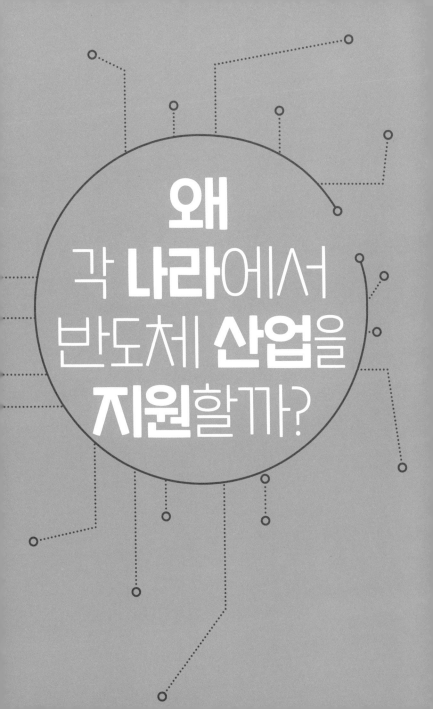

왜
각 **나라**에서
반도체 **산업**을
지원할까?

반도체를 둘러싸고 미국과 중국의 기술 패권 경쟁이 한창입
니다. 2022년 10월 7일, 미국은 중국에 있는 특정 반도체 제조
시설에 대한 첨단 반도체 제품을 수출하지 못하도록 하면서
경쟁은 한층 달아올랐어요.

　미국의 수출 통제는 로직 반도체 16/14나노미터(nm, 1나노
미터=10억분의 1미터) 이하, 낸드 메모리 128단 이상, D 램 18나
노미터 이하 등 첨단 제품이 대상입니다. 이 조치로 인해 중국
내 특정 반도체 제조 시설에서 미국산 장비를 쓰기가 어려워
졌어요. 다만 중국에 있는 한국의 삼성전자와 SK하이닉스 그

리고 대만의 TSMC 등 외국 기업의 반도체 생산 시설에 대해서는 통제를 1년간 유예했습니다. 하지만 미국이 중국을 압박하려는 상황에서 그 불똥이 한국 기업에 튈 수밖에 없는 상황이 돼가고 있죠. 삼성전자는 중국에서 낸드 플래시 메모리 생산 공장과 반도체 후공정 공장을, SK하이닉스는 D램 공장과 낸드 메모리 공장 그리고 후공정 공장을 운영하고 있습니다.

미국은 도널드 트럼프 대통령 시절인 2020년, 해외 직접 생산품 규칙(FDPR, Foreign Direct Product Rules)을 중국 통신제조 업체인 화웨이에 적용했습니다. FDPR은 미국이 아닌 다른 나라에서 만든 제품이라도 미국산 소프트웨어나 장비·기술을 사용했다면 미국 상무부의 허가를 받지 않고서는 특정 국가에 반입을 금지하는 제재를 가리켜요. 미국 정부가 냉전 시대였던 1959년에 만든 제도입니다. 반도체 분야에서는 이 규칙을 통해서 중국에 기술이 수출되지 못하게 통제하는 거예요.

미국은 FDPR로 경제·국방·우주·기술 분야에서 경쟁해 온 중국에 반도체, 5G 통신 기술, 인공지능 관련 첨단 제품이 유입되는 것을 막고 있어요. 미국 상무부가 2020년 중국 통신기기 제조 업체인 화웨이에 FDPR을 적용했더니 이 회사는 그해 4분기부터 매출이 급감했어요.

2021년 1월, 조 바이든 대통령이 취임한 후에도 미국은 FDPR을 적극적으로 사용 중입니다. 2022년 2월 24일 우크라이나를 침공한 러시아에 대해선 무기 등의 원료가 되는 반도체와 컴퓨터·통신·정보보안 등 7개 분야 57개 기술이 적용되는 대상에 FDPR을 적용했어요. 이런 제재로 러시아는 미사일의 정밀 유도 등에 필요한 반도체를 구하지 못해 잘못된 곳에 폭탄을 떨어뜨리는 일이 잦아졌다는 추측도 있습니다.

2022년 10월에는 중국으로 가는 고성능 AI 학습용 반도체와 슈퍼컴퓨터용 반도체에 대해서도 FDPR을 적용했습니다. 앞서 같은 해 7월 미국 상무부는 자국의 반도체 장비 업체인 어플라이드 머티어리얼즈와 램 리서치, 그리고 KLA에 14나노 이하 공정 장비의 중국 수출을 금지했죠. 이어 8월에는 상무부가 편지를 보내 미국 반도체 업체인 엔비디아와 AMD가 AI용 반도체와 슈퍼컴퓨터용 고성능 그래픽 카드(GPU)를 중국에 수출하는 것도 막았어요.

중국에서 활동하는 한국 반도체 기업에 대해선 건별로 미국 상무부의 개별 심사를 거쳐 FDPR 적용 여부를 결정한다고 해요. 제대로 생산을 하려면 공장을 적시에 유지·보수해야 하고, 기술 변화에 따라 생산 장비 등을 업그레이드해야 하는데 FDPR을 적용하면 이를 제대로 하기가 어려워질 수 있습니다.

산업의 쌀을 둘러싼 미국과 중국의 21세기 경쟁

그렇다면 왜 미국과 중국은 이렇게 반도체를 둘러싸고 각축을 벌이는 것일까요. 이유는 반도체가 석유보다 중요해졌기 때문입니다. 21세기 '산업의 쌀'로 불리는 반도체는 경제와 산업, 과학기술에 없어서는 안 될 부품이지요. 여기에 중국 경제가 부상하고 반도체를 독자적으로 개발·제조하겠다며 기술 패권 전쟁에 뛰어들면서 미중 경쟁은 갈수록 치열해지고 있어요.

미국은 세계에서 반도체 원천 기술을 가장 많이 보유하고 있지만, 반도체 생산은 직접 하지 않고 해외에 위탁합니다. 외국 회사에 기술을 제공하고 원천 기술에 대한 특허료를 받기도 하고요. 반면 중국은 제조 업체가 많은 '세계의 공장'으로서 반도체에 대한 수요가 가장 많은 나라입니다. 한국과 대만은 반도체 생산을 많이 하는 나라이지요.

상황을 이해하기 위해 중국의 경제 개발 과정을 잠시 살펴 볼게요. 공산주의 경제 체제를 고수하다 가난에 시달렸던 중국은 1978년 최고지도자 덩샤오핑(鄧小平)이 개혁·개방을 시작하면서 사회주의 시장경제라는 독특한 체제를 운용했어요. 권력은 공산당이 쥐지만, 경제 분야에서는 민간에 상당한 자율성을 부여하는 형태입니다. 중국은 1979년 미국과 수교하면서 세계 경제에 본격적으로 편입되기 시작했어요. 2001년 세계무역기구(WTO)에 가입하면서 수출과 경제 성장에 날개를 달았습니다. 2010년에는 국내총생산(GDP)에서 일본을 추월해 세계 2위에 올랐습니다.

중국은 1978년 개혁·개방을 시작한 이래 경제 성장 과정에서 새로운 제품이나 기술을 빠르게 뒤따라가는 패스트 팔로워 (Fast Follower) 전략을 추구해왔어요. 1970년대 일본이, 1990

년대 한국이 성장과 발전 과정에서 이 전략을 채택했죠. 기존에 없던 새로운 제품이나 기술, 흐름을 만들어내는 퍼스트 무버(First Mover)나 트렌드 세터(Trend Setter) 전략을 추진해 온 선진국을 따라잡으려는 노력의 하나로 볼 수 있어요. 이는 국면을 대대적으로 전환해 새로운 흐름을 주도하는 것입니다.

서구는 18세기 후반에서 19세기 전반에는 증기기관·방적기 등을 이용한 1차 산업혁명을 주도했고, 20세기 초에는 철강·석유·전력을 앞세운 2차 산업혁명을 일으켰어요. 1970년대부터는 개인용컴퓨터(PC)·인터넷 등 정보통신기술(ICT)을 앞세운 3차 산업혁명(디지털혁명)이 세계의 흐름을 주도했어요. 현재는 인공지능·빅데이터·로봇공학·나노 기술·양자 기술·생명공학·사물인터넷·3D·자율 주행 차 등의 기술을 활용한 4차 산업혁명이 한창 진행 중입니다. 이러한 서구를 따라잡으려면 그들 뒤를 따라가지만, 단점을 찾아내 개선하면서 새로운 혁신을 시도할 수밖에 없다는 것이 패스트 팔로워 전략이 나온 이유입니다. 스타트업 가운데서도 먼저 시작해 성과를 낸 기업을 따라하는 패스트 팔로워 전략을 채택하는 후발 기업이 적지 않습니다.

하지만 패스트 팔로워 전략을 펼쳐온 중국은 퍼스트 무버가 갔던 길을 조용히 따라만 가지 않았습니다. 지적재산권, 기술, 노하우를 무단으로 탈취하거나 도용해 비난의 대상이 되기도 했죠. 경제 덩치를 키운 중국도 첨단 기술은 아직 미국과 일본을 따라가지 못했기 때문입니다. 이 과정에서 중국이 미국에 대해 엄청난 무역 흑자를 본 것도 미국은 불만이었지요.

이런 와중에 중국은 2015년 국무원 총리인 리커창의 주도로 제조 강국으로 부상하는 10년 정책과 전략을 담은 '중국 제조 2025(Made in China 2025)'를 발표했어요. 핵심은 반도체를 비롯한 핵심 소재·부품의 국산화에 박차를 가해 2020년까지 40퍼센트, 2025년까지 70퍼센트만큼의 자급을 이루겠다는 것이었죠. 중국은 반도체 등을 미국과 한국에서 수입해 이를 가공한 뒤 전 세계에 수출합니다. 소재·부품의 국산화란 그만큼 한국 제품 수입을 줄이고 자국산으로 대체하겠다는 의미입니다. 중국이 이를 위해 해외 기술 확보에 몰두하면서 미국과 갈등이 생기기 시작했어요.

미국의 공급망 재편으로 이어진 팬데믹 반도체 부족 사태

미국은 중국을 견제할 필요성을 절감한 데다 코로나19 대유행 기간 물자 부족이 겹치면서 세계 공급망 재편에 나섰습니다. 코로나19 대유행 초기에 미국에서는 다른 나라와 마찬가지로 개인용 마스크, 의료진을 감염으로부터 지켜줄 보호 장비, 생필품 등의 품귀 현상이 나타나면서 국민이 상당한 고통을 겪었어요. 감염 사태가 길어지면서 외국 제조 업체에 생산을 맡긴 반도체 확보도 어려워졌습니다. 미국의 GM, 포드사 등 완성차 업계가 자동차를 제대로 생산하지 못하는 일까지 벌어졌어요.

그 배경에는 세계 반도체 산업이 지난 20년 동안 경제적 효율성과 개별 기술에 따라 나뉜 글로벌 분업 체계가 있습니다. 반도체 생산은 크게 설계(Design)에서 제조(Fabrication), 조립(Assembly)·시험(Test)까지 세 단계로 나뉘어요. 반도체 원천 기술과 설계는 주로 미국에서, 장비는 네덜란드에서, 생산에 필요한 화학 물질은 주로 일본에서 담당해왔습니다. 제조는 한국과 대만에서 이뤄지고, 검사는 싱가포르와 말레이시아에서 이뤄지는 구조가 형성됐습니다. 이런 분업 시스템의 영향으로 미국은 원천 기술을 보유하고 있음에도 코로나19 확산으로 전 세계 공급망이 제대로 가동되지 않자 자국 자동차 산업에 필요한 반도체도 제대로 구하지 못해 발을 동동 구르는 신세가 된 것이죠.

이후 미국에선 글로벌 공급망에 대한 새로운 시각이 확산됐어요. 효율만 생각해 경제를 시장 자율에 맡기고 글로벌 분업을 계속해서는 반도체 등 전략 상품을 제대로 공급받을 수 없다는 것입니다. 자칫 경제가 제대로 돌아가지 못해 개인의 생존과 정부의 정상적인 작동에 악영향을 미치고, 심하면 국가 안보를 위협 당할 수 있다고 우려하기 시작한 거예요.

2021년 1월까지 집권한 트럼프 대통령 행정부는 물론이고 2021년 1월 집권한 바이든 대통령 행정부도 이런 생각을 했습니다. 바이든 대통령은 취임 초기인 2021년 2월 24일, 미국 공급망 행정 명령(Executive Order on America's Supply Chains: E.O. 14017)을 발표했습니다. 이 행정 명령은 미국은 경제적 번

영과 국가 안보를 위해 공급망의 회복력, 다양성 및 안정성을 확보해야 한다고 규정했습니다. 간단히 말하면 반도체를 비롯한 주요 물품을 미국에서 직접 생산해 물량을 확보할 수 있게 해야 한다는 이야기입니다.

공급망 재편에 대한 미국 입장은 2021년 6월 발표한 〈미국 공급망 보고서〉에 잘 나타나 있습니다. 이 보고서는 미국 제조 부문의 열세가 반도체의 ATP(조립·테스트·패키징) 및 소재 등 공급망의 전반적인 약화를 초래했다고 자체 진단했습니다. 따라서 특히 반도체 주도권 확보를 위해 첨단 제조 시설을 확보해야 한다는 결론을 내렸습니다.

 ## 미국도 자기 나라 공장에서 반도체를 확보해요

미국이 세계 공급망을 재편하기 위한 전략을 살펴봅시다. 첫 번째는 삼성전자·TSMC·인텔 등의 반도체 공장을 미국에 세운다는 것입니다. 삼성전자는 한국, TSMC는 대만, 인텔은 미국 기업이지만 생산 공장이 각 국가에만 있지는 않아요. 한마디로 기업의 국적과 상관없이 반도체 업체들의 생산 기지를 미국에 만들도록 하겠다는 겁니다. 두 번째는 화웨이 5G 통신 장비의 해외 진출과 반도체 생산을 위한 초미세 공정 장비의 중국 유입을 막는 것, 세 번째는 미국·한국·대만·일본 등으로 이뤄진 이른바 칩4 동맹과 인도·태평양 프레임워크(Framework, 소프트웨어의 구체적 기능에 해당하는 부분의 설계와 구현을 재사용 가능하도록 협업화된 형태로 제공하는 소프트웨어 환경), 역내포괄적경제동반자협정(RCEP, 동남아시아국가연합 10개국과 한·중·일 3개국, 호주·뉴질랜드 등 15개국이 참여한 협정) 등을 통해 중국을 견제하는 것입니다. 네 번째는 미 의회의 역할입니다. 미국 자본을 해외 기업에 투자할 때 이를 심사하는 투자 차단법을 추진해 반도체를 비롯한 전략물자 생산 기지의 해외 유출을 막겠다는 의도로 보입니다.

바이든 행정부는 이렇게 반도체를 중심으로 전 세계 공급망을 통제하려고 나서고 있어요. 2021년 2월 24일 공급망 행정 명령에 이어 4월 12일엔 한국 업체를 포함한 반도체 기업 수장을 불러 반도체 회의를 열었고, 이어 9월 23일 3차 회의에선 반도체 업체에 관련 정보를 미국에 제출할 것을 지시했죠. 11월 8일에는 정보를 제출받았습니다. 기술 우위를 유지하고 공급망을 통제하겠다는 의도가 엿보입니다. 반도체를 둘러싼 도전과 시련의 시대가 바야흐로 열리고 있습니다.

현재 글로벌 반도체 시장은 매출액 기준으로 한국의 삼성전자가 점유율 12.3퍼센트로 1위입니다. 그 뒤를 미국의 인텔(12.2퍼센트), 한국의 SK하이닉스(6.1퍼센트), 미국의 마이크론(4.8퍼센트), 미국의 퀄컴(4.6퍼센트), 미국의 브로드컴(3.2퍼센트), 대만의 미디어텍(3.0퍼센트), 미국의 텍사스 인스트루먼츠(2.9퍼센트), 미국의 엔비디아(2.8퍼센트), 미국의 AMD(2.7퍼센트) 순으로 따르고 있어요.

한국은 세계적인 반도체 생산국입니다. 한국의 경제적·외교적 힘과 국제 사회에서의 발언권은 반도체에서 나온다고 해도 지나치지 않다는 뜻이에요. 미국과 중국의 패권 경쟁 속에서 한국 반도체 산업, 특히 삼성전자와 SK하이닉스가 경제와 외교의 버팀목 역할을 하고 있음을 잘 보여주는 데이터입니다. 한국은 반도체 시장에서 가진 힘을 바탕으로 패권 경쟁을 둘러싼 도전과 시련의 시대를 슬기롭게 극복할 수 있을 것입니다.

미일 무역 분쟁과 '플라자 합의'

2020년대 중국과 치열한 무역 갈등을 빚어온 미국은 앞서 1950년대부터 일본과 오랫동안 무역 분쟁을 치렀습니다. 미국은 제2차 세계대전에서 패전한 일본의 경제가 1950~1953년 한반도에서 벌어진 6·25전쟁 등을 계기로 부흥에 나서면서 미국을 위협할 수준에 이르자 다양한 통상 압박을 가하기 시작했어요.

그 결과 두 나라 사이에 무역 갈등이 여러 차례 발생했죠. 1957~1972년 섬유를 시작으로, 1976~1977년 컬러TV, 1976~1978년 철강, 1979~1981년 자동차 분쟁으로 이어졌습니다.

1972년 미일 섬유 협정을 맺으면서 일본은 미국에 대한 섬유 수출을 자율적으로 규제했어요. 대신 미국은 태평양전쟁 종전 이래 점령해온 오키나와를 일본에 반환했지요. 미군 기지는 그대로 남겼지만요. 미국 시장의 30퍼센트를 차지하던 일본 컬러TV 수출도 1977년 자율 규제를 시작했습니다. 철강 역시 1970년대 미국이 수입국이 되면서 수출국이었던 일본을 압박해 수입 할당량을 정하고 가격도 제한했어요. 1981년 미일 자동차·부품 무역 협정으로 일본이 미국으로 수출하는 자동차도 자율 규제하기로 했습니다.

문제는 일본을 이렇게 압박했는데도 미국의 무역 적자는 줄지 않았다는 점입니다. 미국은 일본이 미국 달러에 대한 엔화 환율을 의도적으로 조정한 탓이라고 생각했어요. 일부러 달러를 높게 평가하고 엔화를 낮게 평가함으로써 일본이 미국에 내다 파는 상품의 값을 낮춰 가격 경쟁력을 높였다는 거예요. 그 결과 1985년 환율 분쟁이 일었습니다.

미국은 1985년 일본은 물론 영국·프랑스·서독 등 서방 5개국 재무부 장관을 모아 미국 뉴욕에 있는 플라자 호텔에서 회의를 열었어요. 그리고 5개국 정부가 외환 시장에 공통 개입하기로 합의했죠. 미국에 수출을 많이 해온 일본 엔화와 서독 마르크화의 고평가를 유도해 미국에 수출하는 일본과 서독의 자동차 등 주요 상품들이 달러로 환산하면 가격이 높아져 미국 시장에서 가격 경쟁력이 떨어지게 한 겁니다. 이 합의는 5개국이 서명한 장소에서 이름을 따와 '플라자 합의'라고 부릅니다.

 ## 일본 반도체 산업 침체를 부른 미일 반도체 협정

플라자 합의에도 일본의 메모리 반도체 산업은 고성장을 멈추지 않고 미국을 압도했습니다. 1970년대 후반부터 일본산 반도체의 대미 수출이 증가하면서 미국 안에서 '일본 위협론'이 떠오를 정도였죠. 반도체는 안보와 직결되는 방위 산업이나 우주 산업을 포함한 각종 미래 첨단 산업의 핵심인 부품입니다. 그래서 미국은 반도체의 글로벌 패권을 지킬 목적으로 일본에 통상 압박을 가했던 것입니다.

미국은 일본을 압박해 1986년 9월 2일 반도체와 관련한 양국 무역 마찰을 해결하기 위해 반도체 협정을 체결했습니다. 1986~1991년 1차, 1991~1996년 2차로 총 10년 동안 적용된 이 협정으로 일본 반도체 업체들은 상당한 타격을 입었습니다. 1981년 전 세계 반도체 시장의 70퍼센트를 차지했던 일본의 반도체 산업은 협정 이후 1990년대부터 급격하게 경쟁력을 잃고 대폭 축소됐습니다.

사실 반도체 시장은 미국에서 처음 형성됐습니다. 1950년대 말 집적 회로를 최초로 만든 텍사스 인스트루먼츠와 1970년대 IBM의 특허를 바탕으로 메모리 반도체인 D램을 처음 개발·제조한 인텔이 초기 반도체 산업을 이끌었죠.

전자 산업에 혁명적인 변화를 몰고 온 집적 회로는 1958년 텍사스 인스트루먼츠에서 근무하던 잭 킬비가 처음 개발했습니다(본문 51쪽 참고). 하나의 초소형 기판에 트랜지스터와 콘덴서·다이오드·인덕터·저항 등 수백 개에서 수백만 개 소자를 집적한 집적 회로는 CPU나 램 등 특별한 회로 기능을 하게 만들었습니다. 전자 기기 소형화와 제조비 절감, 다양한 기능의 제품 개발이 가능해졌고 고장을 줄여 제품 신뢰도를 높였습니다.

1980년대 미국에서 일본으로 넘어간 반도체 주도권

미국 기업들은 기술력과 시장 지배력을 바탕으로 1980년대까지 세계 반도체 산업을 주도했어요. 1971년 반도체 매출 순위를 보면 1위 텍사스 인스트루먼츠, 2위 모토로라, 3위 페어차일드 등 미국 업체가 상위를 차지했죠. 미국의 독점이나 다름없는 상황이었습니다.

당시 일본 기업은 미국 업체의 기술 이전을 받아 착실하게 반도체 산업을 키워나갈 수 있었어요. 1970년대 반도체 산업의 경쟁이 치열해지자 미국 기업들은 비용을 줄이고 이익을 극대화하기 위해 특허료를 받고 일본 기업에 기술 이전을 했기 때문이죠. 일본 정부는 자국 반도체 산업을 키우려고 각종 혜택을 주면서 지원했고요.

그 결과 일본 반도체 업체들은 1980년대 세계 시장을 석권하기 시작했어요. 1981년 일본 반도체 기업은 당시 주력 제품인 64K D램(64킬로바이트 용량의 D램) 시장의 70퍼센트를 차지했습니다. 미국 반도체 기업들의 점유율을 합친 30퍼센트의 두 배를 넘는 규모입니다.

1986년 기업별 세계 반도체 매출 순위는 1위 NEC, 2위 히타치, 3위 도시바로 모두 일본 기업이 휩쓸었어요. 미국 기업은 4위 모토로라, 5위 텍사스 인스트루먼츠, 10위 인텔 정도였습니다. 네덜란드의 필립스가 6위에 올랐을 뿐 7위 후지쓰, 8위 마쓰시타, 9위 미쓰비시 등 상위 10위권 안에 일본 업체가 6개나 포함됐으니 시장을 사실상 장악한 셈이었죠. 반도체는 경제적 측면뿐 아니라 군사 분야에서도 영향력이 커 이를 일본이 주도한다면 미국의 경제력과 국제정치적 패권이 위협받는다는 일본 위협론이 등장할 만했습니다.

특히 1980년대 초반 반도체 산업에 불황이 닥치면서 미국 반도체 제조 업체들의 실적이 나빠지자 텍사스 인스트루먼츠에선 1984년 대량 해고 사태가 벌어졌어요. 인텔은 메모리 반도체인 D램 사업에서 손을 떼기도 했습니다. 일본 반도체가 세계 시장을 장악해 미국 반도체 기업이 심각한 타격을 입자 미국에서는 이를 '제2의 진주만 공습(진주만 공습은 1941년 일본이 미국 하와이 진주만을 기습 공격한 사건입니다)'으로 비유하면서 사태의 원인을 일본 기업들의 불공정 무역 탓으로 몰아가는 주장도 나왔습니다.

그런 상황에서 1985년 6월 미국반도체산업협회(SIA)가 일본산 반도체를 덤핑 혐의로 미국 무역대표부(USTR)에 제소했어요. 일본 제조 업체들이 반도체를 부당하게 싼값으로 미국 시장에 판매했다고 한 거예요. 미국은 반도체 무역 적자의 이유로 일본 시장의 폐쇄성을 들었습니다.

그리고 미국 반도체를 지키기 위해 일본에 '슈퍼 301조'를 발령하겠다고 위협했습니다. 슈퍼 301조는 미국 행정부가 자국 산업 보호를 위해 광범위한 무역 보복 조치를 할 수 있게 한 조항입니다. 미국 기업이 다른 국가의 불공정 무역 행위 때문에 피해를 봤다고 청원해 미국 무역대표부가 받아들이면 해당 국가가 3년 안에 이를 해결할 방법을 찾아야 합니다. 그렇지 않으면 해당 국가에 대해 미국이 높은 관세를 부과하는 식으로 보복할 수 있도록 한 거예요. 무역 적자의 원인을 자국 기업의 경쟁력 상실에서 찾지 않고 무역 상대국의 잘못으로 몰아갔다는 비난을 들을 수 있는 행동이었습니다.

일본 반도체를 사양길로 몰고 간 미일 반도체 협정

미국은 반도체가 무기를 개발·생산하거나 우주를 개발하는 데 얼마나 중요한지를 잘 알고 있었기 때문에 자국 반도체 기업의 어려움이 국방 문제로 직결된다고 생각했어요. 미국이 무리하게 무역 보복 조치로 위협까지하며 강경한 태도를 보인 배경입니다. 단순한 경제 문제를 넘어 반도체는 군사력과의 관련성이 있는 겁니다. 전투기나 미사일 등 현대전을 치르는 데 핵심적인 무기 체계를 개발하고 생산하려면 반도체로 이뤄진 부품이 필수적이죠. 그런 반도체를 자급하지 못하고 일본에서 사 올 수밖에 없는 상황이 되자 미국 일각에서 국방력이 위협받을 수 있다며 과민하게 반응했습니다. 이렇게 해서 체결된 1차 반도체 협정은 일본 반도체 시장을 해외 제조업체에 개방하고, 일본 반도체 업체의 덤핑을 방지하는 내용으로 이뤄졌어요. 미국이 주장한 '일본의 폐쇄성'을 해결하려는 거죠.

이후 일본 반도체 시장의 외국산 점유율을 20퍼센트 이상으로 높이고, 일본 반도체 제조사의 덤핑을 방지한다는 내용을 핵심으로 하는 2차 반도체 협정도 맺었습니다. 이로 인해 1992년 일본 반도체 시장에서 외국산 비율이 급증한 건 물론, 세계 시장 점유율 1위였던 일본의 NEC는 밀려나고 미국의 인텔이 1위로 올라섰습니다. 세계 D램 시장에선 한국의 삼성전자가 일본 제조사들을 제치고 점유율 1위를 차지했죠. 1993년 미국은 드디어 세계 반도체 시장 점유율에서 일본을 누르고 1위가 됐어요.

미일 반도체 무역 갈등과 반도체 협정은 한국의 반도체 제조 업체에 기회가 됐습니다. 꾸준한 기술 개발과 투자로 세계 시장에 진출할 수 있는 기술력을 확보했기에 때를 놓치지 않았던 것도 큽니다. 기회는 도전하고 준비한 이에게만 돌아간다는 교훈을 얻을 수 있지요.

1996년 세계 반도체 매출 순위는 1위 인텔, 2위 NEC, 3위 모토로라, 4위 히타치, 5위 도시바, 6위 텍사스 인스트루먼츠, 7위 삼성전자, 8위 후지쓰, 9위 미쓰비시, 10위 SGS-톰슨으로 재편됐습니다(본문 124쪽과 비교하면 좋아요). SGS-톰슨은 현재 ST마이크로일렉트로닉스(STM)로 이름을 바꾼 다국적 기업인데 프랑스와 이탈리아 업체가 합병하면서 생긴 네덜란드 전자 업체로 본사는 스위스 제네바에 있습니다.

한국의 반도체 매출은 1998년을 기점으로 일본을 앞섰는데 일본에서는 이 시점을 미국이 바라던 대로 일본 반도체가 약해진 모습을 보여주는 상징적인 사건으로 본다고 해요.

한때 세계 시장을 석권했던 일본 반도체는 결국 두 차례의

미일 반도체 협정으로 서서히 쇠락의 길을 걸었습니다. 특히 협정이 이어진 10년간 세계 반도체 시장은 경영 효율을 위해 개발·설계(팹리스) 부분과 생산·제조 부분(파운드리)으로 분리되는 국제 분업이 가속화됐죠. 일본 반도체 업계는 이런 분업 흐름을 제대로 타지 못한 채 투자가 제때 이뤄지지 않아 더욱 뒤처졌다는 지적을 받고 있습니다. 일본은 반도체 생산·제조 분야에서 세계 선두권에 오른 한국과 대만의 경쟁력을 아직 따라잡지 못하고 있습니다. 2020년 이후 미국 반도체 산업은 인텔이 매출 1위를 차지하는 등 세계 시장의 상위권을 휩쓸고 있죠.

한일 무역 분쟁에서 한국의 급소가 된 반도체

2019년에서 2023년, 한국과 일본 사이에 발생한 무역 분쟁은 크게 성장한 한국 반도체 산업과 관련이 크다는 점에서 의미심장합니다. 일본 경제산업성(일본의 행정 조직으로 한국의 산업통상자원부, 중소벤처기업부에 해당해요)은 2019년 7월 1일, 한국 경제의 핵심인 반도체와 디스플레이 장치를 생산할 때 쓰는 소재를 한국으로 수출하는 절차를 까다롭게 바꿨습니다. 일본 경제산업성은 수출 관리 규정을 개정해 외국환과 외국무역관리법에 따라 '신뢰할 수 있는 대상'으로 분류한 '화이트 리스트' 국가 목록에서 한국을 뺐습니다(2023년 6월, 일본은 한국을 화이트 리스트에 복원하기로 결정했어요).

이에 같은 해 7월 4일부터 반도체와 디스플레이 제조 공정에 사용되는 포토레지스트(포토 공정에서 쓰는 감광액), 불화수소(불순물 제거에 사용), 불화폴리이미드(불소 처리로 열 안정성과 강도를 향상시킨 필름) 등 3개 품목에 대한 수출 규제가 시작됐어요. 그전에는 한국 기업이 이 3개 품목의 수입 허가를 한 차례 포괄적으로 받으면 이후 3년간 허가 심사가 면제돼 간단했는데 수출 규제로 이런 우대 조치가 사라진 겁니다. 한국 기업은 이 품목을 수입할 때마다 일본 경제산업성에서 수출 심사를 품목별로 일일이 받아야 했어요. 보통 심사는 90일쯤 걸리는데 제품에 따라 더 길어질 수도 있는 상황이었죠. 반도체와 디스플레이는 한국의 주요 수출 품목이니 관련 분야 기업들의 활동을 제한해 국가 경제에 영향을 미치려는 의도였을 겁니다.

일본의 이런 움직임은 2018년 한국 대법원이 일제강점기 강제 징용에 대한 배상을 판결하고 일본제철(강제 징용 기업인 옛 신일철주금)의 자산에 대해 강제 환수 결정 등을 내리며 양국 간 정치적·외교적 갈등이 심해진 게 배경입니다. 일본은 판결에 반발해 수출 제한 조치를 한 것이죠. 2011년 동일본 대지진 당시 원자력 발전소 사고로 방사능에 노출된 후쿠시마 지역 수산물에 대한 수입을 한국이 거부한 것도 원인이었을 거예요. 판결 보복 조치로 한국 반도체 산업을 옥죈 것입니다.

반도체 제조 공정에 쓰이는 불화수소, 불화폴리이미드는 일본 의존도가 50퍼센트 이하였지만 포토레지스트는 일본에 거의 전량 의존하고 있었기 때문에 한국 반도체 업계가 피해를 볼 수밖에 없었습니다. 특히 미세 공정에서 필수적인 포토레지스트 공급이 제때 이뤄지지 못하면 한국 반도체 업계는 대만의 세계 최대 파운드리 업체인 TSMC와의 경쟁에서 불리할 수 있는 상황이었습니다.

반도체 강국에 대한
견제 의도일까?

일본이 한국과 정치적·외교적 갈등에 따른 보복 조치를 다른 분야도 아닌 반도체를 대상으로 한 데는 이유가 있습니다. 한국 경제에서 반도체가 차지하는 비중을 잘 알고 있었기 때문이죠. 게다가 반도체 공정에서 일본산 소재가 얼마나 중요한지도 정확히 파악해 보복의 핵심으로 활용했습니다. 반도체 제조 산업이 이미 쇠락해 전체 공급망 가운데 화학 물질 생산 정도를 맡은 일본일지라도 마음만 먹으면 한국 반도체 생산에 큰 영향을 줄 수 있는 상황이라는 의미입니다. 그만큼 반도체의 경제적·전략적 가치가 크다는 뜻이기도 하지만 공급망에서 한 부분만 흔들어도 전체 과정이 원활하지 못하다는 사실도 확인한 셈이죠.

이러한 일본의 조치가 단순히 대법원 판결과 후쿠시마산 수산물 수입 문제와 관련된 정치적·외교적 현안에 대한 불만을 표출해 자신들이 원하는 방향으로 한국의 태도를 바꾸는 수준에 그치지 않는다는 시각도 있었습니다. 미래 첨단 산업의 핵심인 반도체를 중심으로 한국이 세계 시장에서 영향력을 키우는 걸 견제하려 한다고 보는 사람들도 있었어요. 일본 정부는 한국의 반도체 산업을 견제하고 자국이 거의 독점하다시피 한 핵심 소재의 공급을 제한하거나 수출을 까다롭게 함으로써 한국에 대한 정치적·경제적·외교적 영향력을 강화하려는 의도가 숨어있을 수 있다는 겁니다. 결국, 한일 무역 갈등의 이면에는 반도체를 중심으로 하는 미래 첨단 기술 패권 경쟁도 자리 잡고 있다는 것이죠.

미국의 허가가 필요한 ASML의 노광 장비 수출

주목할 점은 우월한 기술을 보유한 기업에 대해선 미국도, 중국도 함부로 할 수 없다는 사실입니다. 예를 들어 반도체 생산 장비 산업은 2020년 기준 미국 AMAT가 17.7퍼센트로 1위이고, 네덜란드의 ASML이 16.7퍼센트로 2위입니다. 이어 미국 램리서치가 12.9퍼센트, 일본의 TEL(도쿄일렉트론)이 12.3퍼센트씩 차지하죠. 이 회사들은 모두 한국의 용인·화성·평택 등

지에 연구 개발 센터나 생산 공장을 지었거나 설립을 추진 중입니다.

특히 네덜란드 반도체 장비 회사인 ASML은 기술력으로 명성이 높습니다. ASML의 장비는 반도체를 만드는 데 필수 항목 수준을 넘어 대체 불가능한 첨단 기술을 확보하고 있죠. 설계한 회로 패턴을 웨이퍼에 전사하는 노광(露光, Lithography) 공정은 반도체 제조에서 핵심입니다. 이때 빛을 비춰 회로 패턴을 전사해주는 노광 장비 분야에서 ASML은 세계 최대의 제조·판매 업체입니다. 전 세계 반도체 제조 업체의 80퍼센트가 이 회사의 노광 장비를 사용하고, 전 세계 노광 장비 시장의 80퍼센트를 ASML이 차지합니다. 분해 능력이 가장 높아 초정밀 반도체 생산에 필수적인 극자외선(EUV) 노광 장비는 이 업체만 독점 생산해 전 세계 시장 점유율이 100퍼센트에 이릅니다.

그런데 홍콩의 사우스차이나모닝포스트(SCMP)는 2019년 11월 8일 미국의 압력으로 ASML의 EUV 노광 장비의 중국 수출이 막혔다고 보도했습니다. ASML은 미국의 수출 허가를 기다리고 있다고 해명했죠. 결국, 미 상무부의 허가 절차를 거쳐 2021년 3월 반도체 생산 장비인 EUV 14나노미터 반도체 생산 장비를 중국에 팔았습니다. 삼성전자가 3나노미터까지 생산하는 것을 보면 14나노미터 반도체 생산 장비는 최첨단 기술용은 아닙니다.

미 상무부는 ASML 측의 요구에 따라 최고 수준의 첨단 기술이 적용되지 않은 반도체 생산 장비는 중국에 수출할 수 있도록 허가한 선례를 남겼습니다. 이는 한국에도 여러 가지 시사점을 줍니다. 미국이 아무리 반도체나 생산 장비를 중국에 수출하는 것을 제한해도 군사용이나 AI용으로 전용할 수 있는 최첨단 제품이 아닌 일반 제품은 허용할 수밖에 없다는 사실입니다. 미국 업체도 네덜란드 업체도 중국을 상대로 영업을 해야 하니까요.

한국도 최첨단이 아닌 경우라면 중국 내 한국 반도체 업체에 신규 생산 장비를 반입하거나 반도체를 팔 수 있도록 미국에 요구할 필요가 있다는 이야기입니다. 대신 중국에도 반도체 생산 기술 탈취나 해킹 시도를 금지하도록 강하게 요구해야겠죠.

미래 군사력과 무기의 핵심, 반도체

한 국가의 반도체 개발·생산 능력은 산업·기술 등 경제 분야를 넘어 군사·안보 영역에서도 중요한 요소로 자리 잡은 지 오래입니다. 각종 군사용 장비에 필요한 반도체를 설계하고 생산하는 능력을 제대로 갖춰야 필요한 무기 체계를 개발하고 생산해서 갖출 수 있기 때문이죠. 무기가 발전하려면 다양한 기술도 갖춰야 하나 미사일과 항공 전력 등이 주축이 된 현대전에서는 반도체 수준이 곧 무기 체계의 우열을 결정하는 요인이 됩니다.

예를 들어 우크라이나 전쟁 등에서 큰 활약을 한 것으로 보도된 드론(무인 항공기)에서는 전력을 공급·제어·변환하는 전력 반도체 기술이 성능을 결정적으로 좌우한다고 해요. 전력 반도체의 중요성을 알려면 드론 무선 실시간 조종 과정을 살펴볼 필요가 있어요. 드론을 조종하는 작업자는 드론에서 전송하는 동영상을 바탕으로 지상이나 공중에서 원격으로 기기를 조종해야 합니다. 드론이 송출하는 동영상은 물론 조종 작업자가 전송하는 무선 명령도 실시간으로 전달돼야 합니다. 만일 드론의 동영상 데이터가 작업자에게 전송되는 시간이나 작업자가 조종하는 데 시간이 길어지면 '데이터 지체' 현상이 발생해, 보이는 동영상과 실제 상황 간에 시차가 발생합니다. 이렇게 되면 조종, 정찰 화면 확인, 무기 발사 등이 실시간으로 이뤄질 수 없습니다. 그래서 군사용 드론에는 보통 3G나 4G가 아닌 5G를 비롯한 고속 통신 기술을 사용합니다.

현장의 드론과 조종사가 '데이터 지체' 없이 송수신하면 멀리 떨어진 곳에서도 실시간으로 드론이 보내는 동영상을 바탕으로 관찰 대상의 동향을 바로 확인하고, 장착된 무기 체계를 발사해 목표물을 정확하게 타격할 수 있습니다. 미국은 테러와의 전쟁 때부터 미 군수업체 제네럴 아토믹스가 개발하고 제작한 무인 공격기 'MQ-1 프레데터'나 드론 'MQ-9 리퍼'에서 공대지 미사일 'AGM-114 헬파이어'를 발사해 목표물을 제거해왔습니다.

이런 실시간 통신에는 정밀한 반도체가 수없이 필요합니다. 초기 드론에는 100개 정도의 반도체가 필요했는데 최신 드론에는 1000개 넘게 장착된다고 해요. 특히 군사용 5G 통신에는 대용량 데이터 전송과 비가 오나 눈이 오나, 춥거나 덥거나 상관없이 모든 기상 조건에서도 데이터 송수신이 이뤄져야 해 특수 반도체가 필요하겠죠. 이를 위해 SiC(탄화규소) 전력 반도체가 사용됩니다. 이름처럼 전력을 제어하는 반도체예요. 전자 기기에 공급되는 전력을 1초에 1000번 이상 켰다가 껐다가 하면서 세밀한 제어 기능을 합니다. 다이아몬드 다음으로 튼튼한 물질인 탄화규소라서 같은 두께의 실리콘 반도체보다 약 10배가 큰 전압까지 견딜 수 있다고 합니다.

어떤 환경에서도 가동에 필요한 전력을 공급하면서도 성능 차이 없이 실리콘 반도체의 10분의 1 정도로 얇은 반도체를 만들 수 있어 드론의 무게를 더욱 가볍게 만들어줍니다. 수백도 고온에서도 작동하고, 전력 소모도 적다고 해요. 전력 반도체를 활용한 드론은 한반도에서 큰 역할을 합니다. 한국 영공에 침투한 적의 드론을 실시간으로 탐지하고, 불법으로 한국 해상에 들어와 조업하는 외국 어선의 위치를 파악해 조치하는 등 군사·안보 분야에서 다양하게 활용할 수 있습니다.

군사용 반도체는 자기 나라에서 확보하려는 미국

반도체 생태계가 군사용 반도체를 해외에서 생산하는 구조가 된 점은 미국이 글로벌 공급망 재편에 나선 주요 원인이 됐습니다. 세계 반도체 파운드리 분야 1위 기업인 대만의 TSMC는 미국 반도체 회사인 자일링스로부터 미국 스텔스 전투기(레이더에 포착되지 않도록 만든 비행기)에 쓰는 반도체를 위탁받아 생산해왔습니다. 대만은 중국이 수시로 군사적으로 위협하는 곳인데 자국 안보에서 중요한 최첨단 전투기용 반도체의 공급을 의존하고 있으니 미국으로선 불안하겠죠. 이에 따라 미국은 2020년 초부터 TSMC 측에 군사용 반도체는 미국에서 생산하도록 요청했다고 합니다.

군사용 반도체는 미국과 일본이 맺은 두 번의 반도체 협정의 원인도 제공했습니다. 1990~1991년 벌어진 걸프전에서 미국이 보여준 첨단 무기를 보면 이해할 수 있어요. 걸프전은 1990년 이라크가 주권 국가인 쿠웨이트를 침공하자 미국 주도의 다국적군이 이라크군을 쫓아낸 전쟁이죠. 당시 미군이 군함에서 토마호크 순항미사일을 발사해 이라크군의 레이더와 통신 기지를 우선 타격하면서 전쟁이 시작됐습니다. 순항미사일은 타격 목표물의 좌표를 입력하면 지형도를 따라 목표물을 스스로 찾아 비행하는 미사일입니다. 비행기처럼 제트엔진과 날개를 갖추고 지형 데이터를 활용해 낮은 고도로 방향을 바꿔가며 장거리를 날아가 목표물을 타격합니다. 이를 가능하게 했던 것은 수준 높은 메모리 반도체 덕분이었는데 토마호크의 메모리 반도체는 모두 일본산이었다고 해요.

걸프전에서는 또 다른 신형 미사일도 등장했죠. 바로 '미사일을 요격하는 미사일'인 미국산 패트리엇입니다. 당시 이라크의 사담 후세인 대통령 정권은 옛 소련에서 만든 지대지 탄도 미사일(지상에서 발사해 지상의 다른 지점을 공격하는 미사일)인 스커드를 미국과 사이좋은 이스라엘에 발사했습니다. 하지만 이스라엘에 배치된 패트리엇 방공 미사일이 초음속으로 날아온 상당수의 스커드를 공중에서 요격해 중간 차단했습니다.

패트리엇 미사일이 빠른 속도로 정확한 연산을 하면서 날아오는 미사일을 떨어뜨릴 수 있었던 것은 핵심 부품으로 사용된 일본산 갈륨비소 반도체(실리콘이 반도체를 만드는 대표 재료이지만 갈륨비소로도 반도체를 만들어요) 덕분이었다고 합니다. 이 반도체 역시 당시 일본만 만들 수 있었다고 해요.

결과적으로 걸프전 덕분에 일본산 반도체의 놀라운 성능이 전 세계에 알려졌고 이 때문에 미국의 견제가 계속됐을 가능성도 커 보입니다. 반도체는 과학기술과 산업의 산물이지만, 정치적·외교적 충돌의 원인을 제공하기도 합니다. 새로운 미래를 여는 작디작은 도구인 반도체가 만드는 놀라운 신세계입니다.

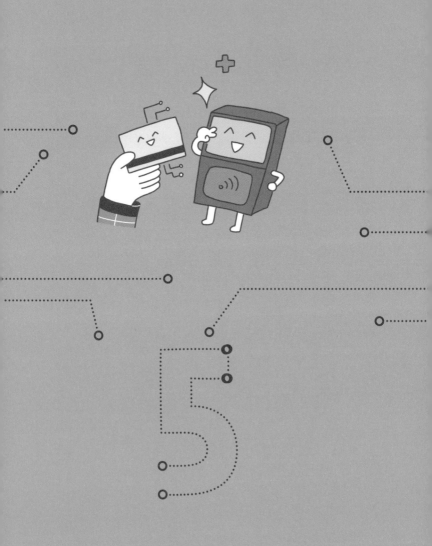

한국은 어떻게
반도체 강국이
됐을까?

반도체는 생활 속 전자 기기에 반드시 들어가야 하는 필수 요소입니다. 휴대전화, 컴퓨터, TV, 자동차 등 기존 산업에서는 물론 AI, 빅데이터, 자율 주행 차, 클라우딩, 고성능 컴퓨팅 (HPC) 등 고도 기술로 미래를 이끌어 갈 신산업 분야에서도 마찬가지입니다.

메모리 반도체는
한국이 세계 최고!

한국은 세계에서 반도체를 잘 만드는 나라로 명성이 높습니다. 삼성전자는 2021년 세계 반도체 매출액의 12.3퍼센트를 차지해 세계 1위, SK하이닉스(6.1퍼센트)는 세계 3위입니다. 삼성전자와 SK하이닉스 같은 글로벌 대기업은 물론 반도체 생산에 필요한 소재·부품·장비 등을 공급하는 수많은 한국의 중소기업이 전 세계 반도체 생태계를 이루고 있습니다. 반도체는 한국 경제의 '발전기'입니다.

그만큼 한국 경제의 반도체 의존도는 매우 큽니다. 특히 수출에서 차지하는 비율이 상당히 높아요. 한국의 2022년 전체 수출액은 총 6839억 달러인데, 그 가운데 반도체가 1292억 달러로 18.9퍼센트를 차지했어요. 반도체 수출 비중은 2010년 10.9퍼센트에서 2022년 18.9퍼센트로, 12년 새 약 8퍼센트 포인트 높아졌습니다.

반도체는 전체 설비 투자에서도 상당한 비율을 차지합니다.

2022년 반도체 설비 투자는 54조 6000억 원 규모였는데, 국내 모든 산업 설비 투자의 24.7퍼센트나 된다고 해요. 2010년 14.1퍼센트였던 비중이 10여 년 만에 약 4분의 1까지 늘었습니다. 대한상공회의소가 2023년 공개한 〈반도체 산업의 국내 경제 기여와 미래 발전 전략〉에 따르면 2010~2022년 연평균 3퍼센트에 이른 한국의 경제 성장률에서 반도체가 차지하는 비율은 0.6퍼센트 포인트입니다. 반도체 산업이 없었다면 이 기간에 한국 경제의 성장률은 2.4퍼센트 수준으로 낮아졌을 것이라는 말입니다. 산술적으로 보면 반도체 수출이 10퍼센트 감소하면 한국의 경제 성장률은 연 0.64퍼센트 포인트, 20퍼센트가 줄어들면 1.27퍼센트 포인트가 떨어진다고 전문가들은 분석하고 있어요. 한마디로 반도체는 수출과 설비 투자 등을 이끌면서 한국 경제 성장을 떠받치는 거대 기둥인 거예요.

1965년 외국 반도체 조립을 시작했어요

한국은 어떻게 세계에서 손꼽히는 반도체 강국이 됐을까요?

대표 반도체 기업인 삼성전자와 SK하이닉스를 중심으로 반도체 산업의 발달 과정을 살펴보도록 해요. "네 시작은 미약하였으나 나중은 심히 창대하리라." 한국의 반도체 산업은 〈구약성서〉의 한 구절이 떠오르는 대표적 사례로 볼 수 있어요.

반도체 산업은 미국에서 시작됐습니다. 반도체를 전자 산업에서 처음으로 활용한 곳도 미국입니다. 미국 벨연구소에서 1947년 윌리엄 쇼클리, 월터 브래튼, 존 바딘 등 엔지니어들이 반도체를 이용해 전자 신호를 변환하거나 전력을 증폭하는 트랜지스터를 개발하면서 반도체의 역사가 시작됐어요.

반도체를 활용한 트랜지스터 시대가 열리기 이전에는 크기도 크고 작동하는 데 시간이 걸리는 진공관을 사용했어요. 반도체를 이용하면서 작고 성능이 좋을 뿐 아니라 가격도 싼 전자 제품이 봇물을 이뤘어요. 웬만한 가구 크기이던 라디오가 손에 들어오는 트랜지스터라디오로 바뀌고, 방 하나를 가득 차지하다시피 하던 전자계산기가 탁상용으로 바뀌었어요. 가게에서 볼 수 있는 금전 출납기도 반도체 덕에 나온 것으로 볼 수 있어요. 반도체를 바탕으로 개인용 컴퓨터 시대가 열릴 수 있었고요. 트랜지스터를 이용한 전자 기기 개발·디자인·응용 경쟁이 불붙으면서 미국의 실리콘 밸리가 본격적으로 성장했죠.

당시 개발도상국이던 한국은 1970년대 초까지 반도체 기술에 접할 기회조차 없었습니다. 한국 반도체 산업은 경제 개발에 나선 초기인 1965년에 시작됐어요. 미국 기업 코미(Komy)가 한국에 고미반도체를 설립해 반도체 후공정인 조립 작업을 맡긴 것이 첫 도전이었습니다. 하지만 기술과 고급 인력을 바탕으로 반도체를 개발하고 생산하는 게 아니라, 임금이 싼 노동력을 활용해 제조 공정의 일부인 조립을 맡는 수준이었죠.

1966년에는 미국의 시그네틱스, 1967년에는 미국의 페어차일드와 모토로라, 1969년에는 일본의 도시바, 1970년에는 미국의 KMI가 각각 한국에 공장을 짓고 반도체 조립 사업에 들어갔습니다. 1972년에는 페어차일드와 시그네틱스가 반도체로 만든 전자 회로의 집합인 집적 회로를 조립하기 시작했습니다. 국내 업체인 금성과 아남반도체도 1970년대 들어 반도체 산업에 뛰어들어 조립에 나섰죠.

 ## 1974년 '한국반도체'의 등장!

1970년대 한국은 기술과 자본, 그리고 경험이 없어 반도체를 직접 만드는 사업은 꿈도 꾸지 못하고 조립 하청에 만족할 수밖에 없던 시절이었습니다. 그런데 초기 개척자가 한국에 그토록 목말라하던 기술을 들고 나타났습니다. 서울대 전기공학과를 마치고 미국으로 유학을 떠나 오하이오 주립대에서 반도체 연구로 1962년 박사 학위를 받은 강기동 박사입니다. 그는 조국으로 돌아와 한국 반도체 산업의 씨앗을 뿌렸습니다.

강기동 박사는 미국의 전자 통신 업체이자 반도체 제조사인 모토로라에서 일하다 귀국해 1974년 1월 경기도 부천에 '한국반도체'라는 회사를 세웠습니다. 지금으로 치면 벤처 회사, 스타트업에 해당하는 모험적이고 도전적인 기업이에요. 전자 산업, 특히 반도체 산업의 불모지였던 한국에 반도체 스타트업을 창업한 것은 한국 과학기술사와 경제사에서 획기적인 사건으로 평가할 수 있습니다. 한국반도체는 국내 최초로 웨이퍼 가공 설비를 마련해 반도체를 실제로 생산할 수 있는 여건을 갖췄습니다.

중학교 시절부터 호기심이 넘쳤고, 특히 전파와 방송에 관심이 많았던 강기동 박사는 기술에 천부적 재능이 있었다고 해요. 전기·전자를 전공해 지식을 쌓으며 한국에 반도체 산업의 뿌리를 내리겠다는 강한 의지도 있었다고 합니다. 하지만 처음부터 순조롭지는 않았어요. 강기동 박사는 기업을 경영한 경험이 적었고, 자금 마련에서도 어려움을 겪었죠. 결국 한국반도체는 심한 자금난을 겪다가 1974년 12월 이건희 회장(당시 삼성그룹이 소유했던 민영 방송인 동양방송의 이사)에게 넘어갔습니다. 이건희 회장이 자신의 명의로 지분 50퍼센트를 취득하면서 한국반도체를 인수한 것이지요. 당시 삼성은 일본 카시오 등에서 수입한 부품으로 전자시계를 생산하고 미국 인텔의 마이컴 반도체 응용 기술을 도입해 전자식 금전 등록기와 게임머신 등을 만들면서 반도체의 가치에 눈을 뜨기 시작할 때였습니다. 이렇게 반도체 사업을 시작한 삼성은 이를 적극적으로 육성해 오늘날 세계적인 기업으로 우뚝 섰습니다.

 ## 삼성이 반도체 사업에
집중 투자했어요

이건희 회장은 1977년 12월 한국반도체 지분 50퍼센트를 추
가로 인수하고 1978년 3월, 회사 이름을 '삼성반도체'로 바꿨
습니다. 강기동 박사는 지분을 모두 삼성에 넘기고 손을 뗄 수
밖에 없었죠. 과학기술입국(과학기술로 나라를 번영시킴)의 큰 뜻
을 품고 한국의 초창기 반도체 산업을 일군 강기동 박사는 이
렇게 한국 반도체 산업에 하나의 밀알이 됐습니다. 한국 정부
는 1997년 그 뜻과 업적을 기려 강기동 박사에게 은탑산업훈
장을 수여했어요.

삼성반도체는 미국의 제너럴일렉트릭·ITT 등과 기술 제휴
를 맺고 반도체 사업 확대를 시도했습니다. 한국에서 반도체
산업이 처음 시작됐던 당시 기술도, 판로도 제대로 없던 시절
이라 경영상 어려움이 많았다고 해요. 결국 1980년 1월에 삼

성반도체는 삼성전자에 흡수·합병돼 반도체 사업부가 됐습니다. 1982년 삼성은 한국산업은행이 전액 출자(사실상 국영)해 운영하던 한국전자통신을 인수한 뒤 삼성전자 반도체 사업부와 합병하고 '삼성반도체통신'으로 이름을 변경했습니다.

이 과정에서 반도체 사업에 확신을 가진 삼성그룹 창업자 이병철 회장은 1983년 2월, 반도체 중에서도 첨단 기술에 해당하는 초고밀도 집적 회로(VLSI) 개발과 생산 분야에 진출한다고 선언했죠. 이병철 회장은 반도체 사업에 본격적으로 진출하는 이유에 대해 "삼성은 자원이 거의 없는 한국의 자연 조건에 적합하면서도 부가 가치가 높고, 고도의 기술이 필요한 제품을 개발하는 것만이 제2의 도약을 기할 수 있는 유일한 길이라고 확신한다"고 말했습니다. 일본 도쿄에서 한 이 발표는 '도쿄 선언'이라 부릅니다. 1973년 6월 포항제철에서 쇳물을 처음 생산한 순간, 1976년 한국 첫 독자 개발 승용차인 포니를 생산한 순간과 함께 한국 경제가 지금과 같은 모습이 될 수 있게 한 대표적인 사건으로 꼽힙니다.

이병철 회장은 왜 도쿄 선언을 했을까요? 삼성이 반도체에 진출한 계기는 이병철 회장이 암 수술을 받고 위험한 고비를 넘긴 뒤 보스턴 대학에서 명예 경영학 박사 학위를 받기 위해 미국을 방문한 1982년으로 거슬러 올라갑니다. 당시 자체 기술과 장비가 없어 미국의 것을 가져다 쓰던 일본 기업들이 역으로 미국 시장에 자동차와 반도체 등을 판매하는 모습을 본 이병철 회장은 충격을 받았습니다. 새로운 산업과 기업 환경 변화를 제대로 따라가지 못하면 세계 최강 미국도 경제적 어려움을 겪을 수 있다는 생각을 했습니다. 그래서 새로 떠오르는 거대 산업인 반도체 산업의 중요성을 절감하고 현지에서 본사에 전화해 반도체 사업에 대한 본격적인 진출을 준비하라고 지시했다고 해요. 앞서 1980년 일본 기업인 아니바 히데조로부터 "앞으로 산업은 반도체가 좌우한다. 경박단소(輕薄短小, 가볍고 얇으며 짧고 작음)한 것을 만들어야 한다"는 이야기를 들은 것도 반도체 사업에 대한 도전 의식을 자극했다고 합니다.

하지만 당시 삼성은 반도체 중에서도 가전제품에 들어가는 고밀도 집적 회로(LSI)나 겨우 만들 기술밖에 가지지 못했습니다. 그보다 한 단계 더 높은 VLSI를 만들겠다고 했으니 국내외 반응은 그리 좋지 않았다고 해요. 하지만 목표를 잡은 삼성은 이를 성취하기 위해 앞으로 달렸습니다. 이병철 회장은 물론 수많은 경영진과 엔지니어들의 노력과 의지가 뒷받침됐다고 보아야겠죠.

 ## 삼성이 64K D램 개발에 나서요

삼성은 첫 메모리 반도체 제품으로 대량 생산이 가능한 D램을 선택하고, 당시 글로벌 D램 시장의 주력 제품인 64K D램 개발에 나섰습니다. 64K D램은 글자 8000자를 기억할 수 있는 VLS 반도체입니다. 64K D램 반도체는 손톱만 한 크기의 칩 속에 6만4000개 트랜지스터 등 15만 개 소자를 8000만 개 선으로 연결했습니다.

삼성은 도쿄 선언 두 달 뒤인 1983년 5월 개발을 시작해 6개월 만인 같은 해 11월에 칩을 완성했습니다. 이를 위해 7억 3000만 원의 개발비를 투입했습니다. 64K D램의 개발은 세계에서 세 번째로, 당시 선진국과의 격차는 5년 6개월이었습니다. 이 개발로 삼성은 한국의 반도체 능력을 전 세계에 확인시켰습니다. 삼성이 세계 반도체 분야에서 자체 기술력을 인정받은 겁니다. 이전까지 흔히 활용하던 해외 기업과의 합작이나 기술 도입이 아니라, 아무도 가르쳐주지 않는 상황에서 혼자 힘으로 연구해 개발한 것입니다. 64K D램의 개발은 한국 경제가 독자 기술력을 바탕으로 세계 시장에 도전하는 계기가 됐습니다. 삼성이 당시 개발한 이 64K D램은 2013년 8월 국가등록문화재가 됐어요. 삼성의 64K D램의 개발은 한국이 반도체라는 첨단 기술 분야에서 세계 정상에 오르는 문을 열어준 제품으로 평가 받습니다.

1984년 5월에는 삼성반도체 기흥 1공장을 준공하고 반도체를 많이 만들기 시작했습니다. 반도체 개발과 생산에서 날개를 단 겁니다. 그 뒤로 삼성은 D램 분야에서 눈부신 성과를 거두며 글로벌 반도체 기업으로 자리 잡았고, 한국은 반도체 강국으로 우뚝 섰습니다. D램 개발 과정을 살펴보면 이를 확인할 수 있어요. 삼성은 1983년 11월, 64K D램을 시작으로 D램 개발에서 연속 홈런을 치기 시작했습니다. 1984년 10월에는 8개월 동안 11억 3000만 원의 개발비를 들인 끝에 256K D 램을 개발해 선진국과의 격차를 4.5년으로 줄였습니다. 이어 1986년 7월에는 11개월 동안 235억 원을 투입해 1M D 램(1메가바이트 용량의 D 램)을 개발했습니다. 선진국과의 격차는 다시 2년으로 줄었습니다.

1988년 2월에는 20개월에 걸쳐 508억 원을 들여 4M D 램을 개발함으로써 선진국과의 격차를 불과 6개월로 좁혔습니다. 이로써 세계적인 메모리 반도체 개발·생산국 등극을 눈앞에 두었지요. 1990년 8월, 26개월의 개발 기간을 거쳐 617억 원의 개발비를 투입한 결과 16M D 램을 개발하면서 선진국과 동일한 D 램 반도체 개발 능력을 갖췄습니다.

64M D램 개발로
세계 선두에 나서요

1992년 9월, 개발비 1200억 원을 들인 끝에 세계 최초로 64M D 램을 개발한 삼성전자는 D 램 분야 세계 1위를 달성했습니다. 64M D램의 개발로 한국과 선진국의 기술 격차는 오히려 역전됐어요. 한국이 앞서가는 선두 주자가 된 것이죠. 1993년에는 일본의 도시바를 제치고 드디어 메모리 반도체 분야 세계 1위로 올라섰습니다. 그 이후로도 메모리 반도체 분야에서 계속 세계 1위 제품을 내면서 절대 강자의 자리를 지키고 있습니다.

1994년 8월에는 30개월의 개발 기간과 1200억 원의 개발비로 256M D램을, 1996년 10월에는 29개월의 개발 기간과 2200억 원의 개발비로 1G(기가바이트) D램을, 2001년 2월에는 30개월의 개발 기간과 2200억 원의 개발비를 투입해 4G D램을 각각 세계 최초로 개발했습니다. 이로써 삼성은 반도체를 한국의 대표 산업으로 키울 수 있었고, 한국은 메모리 반도체 강국의 위치를 체계적으로 굳힐 수 있었습니다. 이어 2002년 삼성은 낸드플래시 분야에서 세계 1위에 올랐습니다. 2006년 50나노 D램을, 2007년에는 30나노 낸드를 각각 세계 최초로 내놓으면서 삼성전자는 메모리 글로벌 반도체 분야를 선도하고 있습니다.

반도체 기술의 발달을 보여주는 여러 가지 기술 요소 중에 소자를 연결하는 선폭이 있습니다. 같은 크기의 칩에 더 많은 소자를 집적해서 넣으려면 선폭이 더 좁아야 합니다. 반도체 안의 선폭은 64K D램이 2.4마이크로미터(um)입니다. 1마이크로미터는 100만분의 1미터(m), 1만분의 1센티미터(cm), 1000분의 1밀리미터(mm)에 해당합니다. 통상적인 박테리아 길이가 1~10마이크로미터이고, 인간 머리카락 굵기가 17~181마이크로미터, 거미줄 굵기가 3~8마이크로미터라고 하니 반도체 선폭이 얼마나 미세한지를 짐작할 수 있겠죠.

D램의 선폭은 기술이 발전할수록 더욱 좁아집니다. 256K D램은 1.1마이크로미터, 1M D램은 0.7마이크로미터, 4M D램은 0.5마이크로미터, 16M D램은 0.4마이크로미터, 64M D램은 0.35마이크로미터, 256M D램은 0.25마이크로미터, 1G D램은 0.18마이크로미터, 4G D램은 0.13마이크로미터까지 좁아집니다. 한계에 도전하는 참으로 엄청난 기술력이 아닐 수 없습니다.

세계 3위 반도체 기업, SK하이닉스

한국 반도체 산업을 이끄는 또 다른 기업으로 SK하이닉스가 있습니다. SK하이닉스는 반도체 제조 업체 중 세계 3위이고 메모리 부문만 따지면 삼성전자에 이어 세계 2위의 실적을 올린 글로벌 반도체 대기업입니다. 특히 중국 시장에 뛰어들어 현지에서 반도체를 만들고 팔면서 중국 메모리 반도체 1위를 지켜왔습니다. 중국에서 스마트폰을 만드는 애플이 SK하이닉스의 주요 고객이랍니다. 중국 브랜드의 스마트폰도 SK하이닉스 메모리 반도체를 사용합니다.

그런데 SK하이닉스가 걸어온 길을 살펴보면 한국 경제의 숨은 역사를 잘 보여주는 일화가 많이 보입니다. 이 회사는 흥미롭게도 1949년 10월, 현대그룹의 정주영 회장이 설립한 건설 회사인 국도건설에서 출발합니다. 이름대로 창사 이래 1983년까지는 건설 회사로 활동했어요. 그런데 정주영 회장이 1983년 전자 산업을, 그중에서도 반도체 산업을 하겠다고 현대전자를 세웠어요. 정주영 회장은 1980년대 초기 일본 마쓰시타전기(2008년 파나소닉으로 변경) 마쓰시타 고노스케 회장의 권유를 받고 전자 산업을 본격적으로 추진했다고 해요.

정주영 회장은 1981년 12월, 현대그룹 종합기획실에 신규 사업팀을 구성해 전자 산업에 뛰어들기 위한 기초 조사 작업에 들어갔습니다. 자신도 1982년 미국 IBM을 직접 찾아 전자 사업 기술 협력을 논의했답니다. 1982년 8월, 현대그룹이 현대종합기획실장을 미국에 보내 1974년 1월, 한국반도체로 국내 반도체 생산의 씨를 뿌린 강기동 박사와 반도체 사업 진출을 위한 조사 용역 계약을 맺었습니다. 강기동 박사는 "시장 상황이 한국반도체를 시작하던 1970년대와 다르다"며 "회로도, 설계도 고도화되어 있고, 제품을 고객사에서 테스트하기 때문에 자금이 많이 들어가 이익을 내려면 시간이 많이 걸릴 수 있다"고 조언했다고 해요. 하지만 추진력이 강한 정주영 회장은 사업을 밀고 나갔습니다.

현대→LG반도체→SK

현대는 1983년 1월, 전자 사업팀을 만들고 반도체 산업에 뛰어들었어요. 당시 국도건설은 경기도 이천에 30만 평의 땅을 보유하고 있었습니다. 정주영 회장은 공장을 세울 부지가 필요했던 현대전자를 국도건설에 합병한 뒤 1983년 2월, 회사 이름을 현대전자산업(주)으로 바꿨습니다. 반도체 제조·판매 회사 SK하이닉스는 이렇게 현대그룹의 계열사로 출발했어요. '현대전자산업(Hyundai Electronix)'의 흔적은 지금도 '하이닉스(Hynix)'에 남아있습니다. 이 회사는 그해 3월 16일, 미국 산타바바라에 현지 법인을 세웠고, 1996년 12월에는 한국 주식 시장에 상장도 됐어요. 이천 부지에서는 1986년 10월 10일, 이천 현대전자 공장 준공식이 열렸습니다.

그런데 1997년 외환 위기가 터졌습니다. 정부 주도로 대기업 사이의 계열사 구조 조정인 '빅딜(Big Deal, 대규모 사업 교환)'이 진행됐어요. 민간 기업의 자율적인 사업 교환이 아니라, 정부와 관료가 주도한 사업 개편이었고, 기업으로선 받아들일 수밖에 없었어요.

당시 빅딜은 대기업의 비주력 또는 부실 기업을 다른 그룹에 팔아넘기는 거래였어요. 그전까지 대기업들이 문어발식 확장을 하면서 과잉·중복 투자가 발생했고, 효율성과 전문성이 떨어져 외환 위기의 원인이 됐다는 판단 때문입니다. 1999년 7월, 현대전자산업은 LG그룹의 LG반도체를 인수하고 회사 이름을 현대반도체(주)로 이름을 바꿔 운영하다가 같은 해 10월, 아예 합병했습니다. 두 회사가 한 회사로 된 것이죠. 2000년 3월에는 회사 이름을 (주)하이닉스반도체로 바꾸었습니다.

하이닉스에는 LG반도체의 역사도 녹아있습니다. LG그룹은 1995년 이름을 바꾸기 전까지 럭키금성그룹이었습니다. 초기 한자로 '락희(樂喜)'라는 이름을 사용했던 이 그룹은 계열사 이름에 금성이나 럭키를 썼습니다. 1979년 럭키금성그룹의 전자·전기 업체인 금성사와 금성통신, 금성전기 등 세 회사가 연합해 대한반도체를 인수해 이름을 '금성반도체'로 바꿨습니다. 대한반도체는 전선 전문 기업으로 출발한 대한전선이 세운 기업이었습니다. 금성반도체는 일본 히타치의 주문을 받아 저용량 D 램을 하청 생산하며 실력을 길렀습니다. 럭키금성그룹은 1989년 금성일렉트론을 세워 금성사와 금성반도체의 반도체 부문을 모두 넘겼습니다. 금성반도체는 금성정보통신(1995년 LG정보통신으로 사명 변경)으로 이름을 바꿔 전산 장비와 휴대폰 사업을 하다 2000년 LG전자에 합병됐습니다. 그러다 외환 위기를 맞고 정부 주도의 빅딜이 진행되면서 현대전자산업에 합병돼 하이닉스반도체가 된 것입니다.

SK의 중국 진출, 최대 메모리 업체로

하이닉스반도체는 합병 뒤에도 경영상 어려움을 겪었습니다. 여기에는 여러 가지 이유가 있는데요, 우선 2000년 정주영 회장의 아들들이 그룹 경영권 계승을 두고 다툰 이른바 '왕자의 난'을 겪으면서 현대그룹은 여러 단위로 나뉘었습니다. 정주영 회장의 다섯 번째 아들인 정몽헌 회장은 옛 주력사였던 현대건설·현대전자산업 등이 포함된 현대그룹을 물려받았고, 두 번째 아들인 정몽구 회장은 현대자동차그룹을 만들어 현대그룹에서 분리됐습니다. 6남 정몽준 회장은 현대중공업, 3남 정몽근 회장은 현대백화점, 7남 정몽윤 회장은 현대해상, 8남 정몽일 회장은 현대기술투자를 각각 가져갔습니다.

이런 상황에서 현대전자산업이 제대로 경영되기가 쉽지 않았겠죠. 여기에 새로운 반도체 개발을 위한 자금을 정부 주도의 인수 합병에 쓰다가 투자 시기를 놓쳤다는 지적도 있습니다. 결국 하이닉스는 2001년 8월, 현대그룹에서 분리되고 현대계열 지분 정리를 거쳐 2002년 6월, 최대 주주가 된 한국외환은행을 비롯한 채권금융기관에 경영권이 넘어갔어요. 현대전자산업의 입장에서는 빅딜을 한 지 2년이 되지 않아 부실로 쓰러진 셈이죠. 이어 2012년 2월 SK텔레콤이 하이닉스를 인수해 최대 주주가 됐고, 그해 3월 회사 이름을 지금의 SK하이닉스로 바꾸었습니다.

SK하이닉스는 해외 진출에 신경을 많이 썼어요. 2006년 10월, 중국 장쑤성 우시시에 현지 생산 법인을 세웠고, 지금은 중국 최대의 반도체 업체로 중국 D램 시장의 절반을 차지할 정도라고 합니다. 2018년 일본 도시바의 반도체 자회사 도시바

메모리 코퍼레이션(TMC)을 인수했고, 2022년 8월에는 국내 반도체 파운드리 업체인 키파운드리를 인수해 새로운 성장의 전기를 마련했다는 평가를 받습니다.

세계 각국의 반도체 산업 육성 노력

지금까지 삼성전자와 SK하이닉스라는 대기업을 중심으로 한국 반도체 산업의 발전을 살펴봤습니다. 하지만 반도체 산업의 발전에는 국가적인 노력도 큰 몫을 했다는 평가를 받습니다. 기업과 정부가 함께 노력한 셈이죠.

세계 각국은 해당 기업의 법인세를 낮게 부과한다든지, 연구 개발·설비 투자와 관련한 세액 공제, 관련 첨단 기술에 대한 투자 지원 등 다양한 방법으로 반도체 기업을 지원하고 있어요. 더 높은 기술을 적용한 반도체를 개발하고 이를 더욱 좋은 수율로 생산해 글로벌 시장에서 경쟁률을 높이는 것이 일자리 마련과 국내총생산(GDP) 증가 등 자국 경제에 도움이 된다는 판단에서입니다. 한국도 마찬가지입니다.

지금도 반도체 시설 투자 세액 공제율을 기존 8퍼센트에서 15퍼센트로 늘리는 세제 혜택을 제공해 투자를 촉진하는 법률이 국회 통과를 기다리고 있어요. 시설 투자에 들인 돈의 일정 부분만큼 세금 부과 대상에서 제외해 반도체 기업에 혜택을 주는 내용이죠.

반도체 비중이 높은 한국으로서는 다른 큰 변수가 없는 한 반도체 경기가 좋으면 전반적인 경제 사정이 좋아지고, 반대로 경기가 나빠지면 수출·성장률 등 전체적인 경제 기조가 흔들릴 수밖에 없습니다. 반도체는 한국 경제에 양날의 검처럼 작용하는 셈이죠. 반도체도 다른 분야와 마찬가지로 경기 사이클이 있어 일정 기간 호황기가 지나면 불경기를 맞을 수밖에 없죠. 반도체 분야에 불경기가 닥치면 국가 경제 전체가 타격을 받을 수 있어요. 그래서 반도체 산업에 대한 지원을 아끼지 않는 것입니다.

한국 반도체 산업의
미래를 위한 숙제

한국 반도체 산업이 해결할 문제도 적지 않아요. 현재 메모리 반도체에 치우친 한국 반도체 산업의 편중 구조를 해소하고 시스템 반도체의 생산과 수출 비중을 늘리는 것이 주요 과제의 하나로 떠오르고 있어요.

　메모리 반도체는 생산해서 일정 수준의 재고를 유지하면서 판매하는 형식이라 경쟁사들이 동시에 많이 생산한다든지, 글로벌 경기 변화에 따라 수요가 줄든지 하면 가격이 떨어져 수익을 맞추기 어려울 수가 있어요. 반면 시스템 반도체는 경기 영향을 덜 받기 때문에 그 비중이 높으면 반도체 기업이 상대적으로 안정적인 경영을 할 수가 있어요. 비메모리 부문이 제대로 성장하려면 팹리스와 파운드리 등이 고루 성장할 필요가 있습니다. 이를 위해 기술력을 더욱 키우는 한편, 기업끼리나 국가끼리 협력하는 네트워크를 더욱 강화해야 한다는 지적도 있어요.

한국 반도체의 미래는 지금 자라나는 세대의 몫입니다. 청소년과 청년 세대가 과학기술과 기업 경영에 대한 꿈을 키우고 실력을 쌓아 미래를 만들어나가길 바라고 있어요.

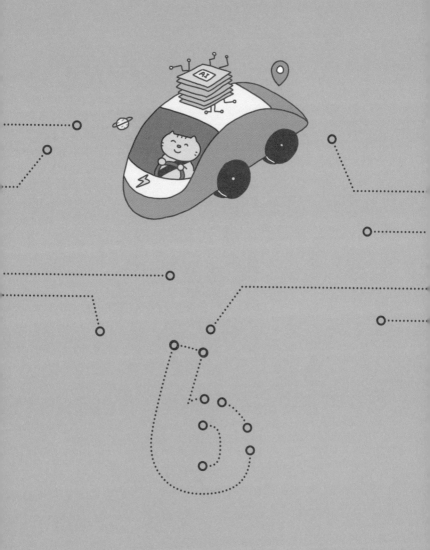

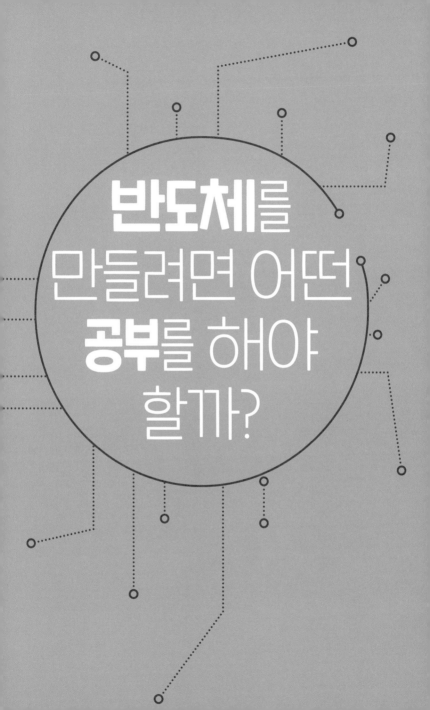

반도체를
만들려면 어떤
공부를 해야
할까?

반도체 분야는 다양한 사람을 필요로 합니다. 수많은 종류의 일자리가 있기 때문이죠. 반도체 산업에서 일하고 싶은 꿈을 현실로 만들려면 어떤 공부와 준비를 해야 하는지 한번 살펴볼까요? 앞에서 살펴본 반도체 공정 과정을 잘 살펴보면 어떤 공부가 필요한지 짐작할 수 있습니다.

1단계는 어떤 반도체를 만들지를 구상한 뒤 해당 반도체의 설계 도면을 작성하는 개발·설계 과정입니다. 여기에는 고도로 훈련 받은 전문 반도체 인력이 근무합니다. 이런 인력을 얼마나 확보했는지를 살펴보면 국가별 반도체 개발 능력을 파악할 수 있습니다. 2단계로 해당 설계 도면에 맞춰 웨이퍼 반도체를 만드는 과정이 이어집니다. 다음 3단계는 테스트와 패키징입니다. 반도체가 설계대로 작동하는지를 사전 검사하는 테스트를 하고, 웨이퍼에서 만들어진 반도체를 개별 칩 단위로 절단해 외장재로 감싸 완제품으로 만드는 과정입니다. 최종 4단계는 반도체 완제품을 판매하고 운송하는 과정입니다.

각 과정에서 투입되는 전문가들은 실로 다양합니다. 반도체 설계와 생산 전문가만 필요한 게 아니라는 걸 알 수 있지요. 굳이 반도체 관련 학과에서 전공하거나 공과대학을 가야 하는 것은 아니에요. 반도체 분야에서 자신의 꿈을 실현하고 싶다면 우선 자신이 원하는 분야에서 즐겁게 공부하는 게 중요합니다. 특정 분야만 파고들 필요는 없습니다. 다만, 엔지니어가 되고 싶다면 수학과 과학을 재미있게 공부하면서 실력을 쌓을 필요는 있겠죠.

전 세계 반도체 분야 인재는 여전히 부족해요

반도체는 엄청난 산업 규모와 성장 추이만 봐도 알 수 있지만, 현재 가장 많은 일자리가 생기고 있는 분야이기도 합니다. 그래서 한국을 비롯해 반도체 기업들이 많은 국가들에서 인력이 부족한 상황이기도 해요. 한국반도체협회에 따르면 국내 반도체 업계에서 필요한 인력은 지난 2021년 17만7000명에서 2031년 30만4000명으로 늘어날 전망입니다. 10년간 12만 7000명, 매년 평균 1만2700명의 사람이 더 필요한 겁니다. 연평균 5.6퍼센트씩 증가할 것이라는 게 지금의 예상입니다. 하지만 특성화 고교와 대학, 대학원을 마친 반도체 관련 전공자들은 매년 5000명밖에 되지 않습니다. 10년 후면 7만7000명이 부족해질 수 있다는 의미이지요.

반도체 관련 인력 수요가 급속도로 증가하는 것은 한국뿐 아니라 코로나19 대유행이 지난 뒤 전 세계에서 나타나고 있는 현상이에요. 반도체 수요가 늘어나는 것은 물론이고, 미국은 해외 공장에서 제작하던 반도체를 직접 국내에서 생산하는 쪽으로 전략을 바꿔 미국 내부에 공장을 늘리고 있습니다.

한국에서도 삼성전자와 SK 하이닉스가 설비 투자를 늘리고 있어요. 삼성전자는 30조 원을 들인 경기도 평택의 3공장(평택 캠퍼스 P3)이 2022년 9월 완성돼 가동에 들어갔습니다. 면적만 축구장 25개 규모라고 하니 수백 명의 인력이 새로 투입됐겠지요. 치열한 글로벌 반도체 경쟁 속에 삼성전자가 공격적인 투자에 들어간 것으로 볼 수 있습니다. 당연히 인력 수요도 증가할 수밖에 없겠죠. 이에 인력 양성이 한국 경제의 주요 과제로 떠올랐습니다. 반도체 분야에서 할 수 있는 일이 그만큼 많아질 것입니다.

반도체를 알려면 공과대 진학이 유리해요

그렇다면 무엇을 공부하는 게 반도체 이해에 도움이 될까요? 기본적으로는 공과대학에 진학해 엔지니어가 되는 것이 반도체를 만드는 직업을 갖기에는 가장 유리합니다. 일부 대학이

해당 기업의 지원을 받아 운영하는 반도체 특성학과, 또는 계약학과에 진학하면 재학 중 관련 기업의 장학금을 받을 수 있는 것은 물론이고 졸업과 동시에 취업할 수도 있어요. 이들 반도체 기업이 학부부터 박사까지 장학금 지원에 졸업 뒤 채용 보장 등의 조건을 내걸고 이들 대학의 계약학과 운영을 지원합니다. 기업이 참여하는 교과 과정을 운영하면서 현장 프로젝트 실습 등으로 전문성을 쌓을 수 있기도 합니다.

국내에서 반도체 인력 양성을 위한 계약학과 설치는 2006년 삼성전자가 성균관대에 정원 70명의 관련 학과를 설치한 게 처음이었습니다. 2021년 연세대는 정원 50명, 2022년 카이스트는 100명, 포스텍에 40명이 공부할 수 있는 반도체 관련 계약학과를 개설했습니다. SK하이닉스는 2021년 고려대에 정원 30명, 2022년 서강대 30명, 한양대 40명의 반도체 계약학과를 설치해 인력을 기르고 있지요. 서울대도 삼성전자와 반도체 계약학과 설립을 추진하고 있다고 해요. 하지만 이 정도 규모로는 전문 인력을 충분히 확보하기 어려울 것이라는 지적이 많아요.

반도체 산업에는
문과생도 필요해요

반도체 특성학과가 아니더라도 반도체 업체에선 다양한 엔지니어가 필요합니다. 반도체 특성학과를 다니지 않고 공과대학이나 자연과학대학에서 다른 전공을 해도 얼마든지 이 분야에서 일할 수 있습니다. 전자·재료·화학공학 등 공대의 다양한 전공이나 자연과학대학의 수학·물리·화학 전공자도 반도체 산업에 필요합니다. 과학과 기술, 공학, 수학을 융합해 STEM (Science·Technology·Engineering·Mathematics)이라 불리는 이공계 공부를 하면 반도체 산업에서 일하면서 꿈을 키울 수 있습니다.

공과대학의 전공을 살펴봅시다. 우선 전자 분야에선 전자공학·전기전자공학 전공자가 활약합니다. 컴퓨터공학·소프트웨어공학·정보통신공학도 필수적입니다. 안정적인 전력 공급 등 생산 인프라 관리를 위해선 전기공학 전공자도 필요해요.

기계 분야에선 기계공학·기계설계·메카트로닉스·로봇공

학을 전공한 이들이 많습니다. 공과대학의 상당수 전공은 반도체 업계는 물론 거의 모든 산업 분야의 개발·생산 분야에서 유용합니다.

화학공학 분야에선 화학공학·고분자공학·유기응용재료공학·신소재화학공학 등의 전공이 있는데 반도체 업계에서도 화학과 화학공학 전공자는 당연히 필요하지요. 반도체 원료인 실리콘 등을 다루는 재료공학과·신소재공학과·재료화학공학과 등도 반도체의 성능을 높여 미래를 대비하는 데 없어서는 안 될 학문입니다.

외부 해킹의 위험으로부터 공장 시설과 시스템을 지키기 위해서는 정보보호학·해킹보안학 전공자도 필요합니다. 공장의 생산 시스템을 합리적으로 개선하고 관리하기 위해선 산업공학 전공자도 필수적입니다. 산업재해와 직업병으로부터 직원들의 안전과 건강을 지키기 위해선 안전공학·산업안전공학 전공자도 당연히 수요가 있습니다.

게다가 반도체 업체는 직접 반도체 연구·개발·제조 분야에서 일하지 않는 인력도 필요합니다. 심지어 문과 전공자도 수요가 많습니다. 반도체 업체는 개발과 생산 시설만 운영하는 게 아니라 기업을 경영하기 때문이죠. 반도체 회사에 다양한 분야 인력이 근무하는 이유입니다. 전 세계 국가들을 대상으로 마케팅과 영업을 해야 하고 종합 반도체 기업의 경우 막대한 규모로 투입되는 자금을 관리하는 재무도 중요합니다.

법학전문대학원을 졸업한 변호사, 외국 로스쿨 등에서 공부하고 외국 변호사 자격을 확보한 인력도 반도체 회사에선 필수적입니다. 반도체는 전 세계를 대상으로 하는 거대 글로벌 산업이기 때문에 다양한 국제 송사가 수시로 생길 수 있어요. 그래서 반도체 업체는 국내 변호사와 외국 변호사 자격을 가진 법무 전문 인력이 근무하는 법무팀을 운영합니다.

어쩌면 평생 공부해야 해요
-입사 뒤 재교육은 당연하죠

국내 반도체 기업은 직원을 상대로 끊임없이 재교육을 합니다. 어제 배우고 익혔던 첨단 기술과 지식이 오늘은 남들도 다아는 보통 수준의 것이 되고 내일은 뒤처지거나 심지어 폐기될 수 있을 정도로 반도체 분야는 발전 속도가 빠르기 때문입니다. 이는 정보 통신 기술 분야의 특징이기도 합니다.

이 때문에 끊임없는 인력 재교육은 선택이 아닌 필수입니다. 학교를 마치고 입사했다고 해도 교육이 끝나지 않습니다. 내가 수학과 과학을 공부해 입사에 성공했다고 해도 그것이 끝이 아니라는 이야기입니다. 그 뒤에도 끊임없이 공부하고 훈련해야 합니다. 이것이 경쟁력 있는 엔지니어의 삶입니다.

반도체 관련 인력의 고도화는 관련 업계의 중요한 숙제가 되고 있습니다. 이는 한국 경제를 지탱하는 주요 기준인 반도체 산업을 지키는 길이기도 합니다. 일부에선 5년짜리 반도체 관련 학사·석사 통합 과정을 운영해 프로젝트 중심의 반도체 교육을 강화해야 한다는 주장도 합니다. 공과대학의 경우 졸업 직후 짧은 교육만 거치면 곧바로 현장에서 일할 수 있도록 대학의 교육 프로그램을 개편해야 한다는 주장도 있습니다. 이를 위해 대기업에서 잔뼈 굵은 반도체 실무 전문가를 사회

공헌 차원에서 각 대학에 파견해 학생들에게 생생한 교육이 이뤄지도록 교육 제도를 바꾸자는 의견도 있습니다.

반도체 학과라면 재학 중에 칩을 만들어볼 정도로 충분한 교육과 실습이 필요하다는 시각도 있어요. 칩 내부 회로를 용도에 따라 바꿀 수 있어 인공지능·빅데이터·자율 주행 차·클라우딩·고성능 컴퓨팅 등 고도의 연산이 필요한 분야에서 강점이 많은 프로그래머블 반도체(프로그램이 가능한 비메모리 반도체의 일종)를 스스로 만들 수 있을 정도로 교육·실습을 강화해야 한다는 주장이 나옵니다.

반도체 관련 교육을 설계, 제조 공정, 소재, 장비 등으로 구분해서 전문성을 높이는 교육이 필요하다는 지적도 있어요. 장비 분야는 반도체 공장을 고도화한 스마트 공장으로 운영할 수 있도록 전문 인력 양성 과정이 필요하다는 거예요. 반도체 설계와 생산 기술 고도화는 첫째, 앞서가는 국가나 기업을 따라잡고 둘째, 추적이나 경쟁하는 국가나 기업과의 격차를 늘리거나 최소한 현재 수준으로 유지하며 셋째, 생산 원가를 줄여 가격 경쟁력 강화를 위해 반드시 필요합니다. 이를 위해선 관련 인력부터 고도화해야 한다는 이야기입니다.

반도체 개발·생산 시스템 고도화를 위한 관련 분야 전문대학원을 운영할 필요성도 이야기되고 있습니다. 대학이나 대학원을 졸업하고 실무에 배치된 것으로 끝내지 않고 관련 인력을 꾸준히 재교육해 초고속으로 발달하는 관련 분야 기술을 따라갈 수 있도록 제도화해야 한다는 것이지요. 현재 최고의 기술 장인이라도 지속적으로 재교육을 받아야 미래를 대비할 수 있을 정도로 발전 속도가 빠른 업계 특성을 반영한 주장입니다.

같은 맥락에서 정부나 기업의 관련 연구소 등에서 반도체 인력 재교육 과정을 설치할 필요도 있습니다. 반도체 설계만 담당하는 팹리스 분야의 인력이 가장 유력한 재교육 대상입니다. 빠르게 변하는 분야이기 때문이죠. 연구소에 반도체 설계 관련 교육 과정을 설치하고 관련 연구자와 업계 엔지니어를 파견해 이론과 실무를 동시에 교육하는 과정을 만들 수 있습니다.

반도체 업체에 대학 졸업자만 취업할 수 있는 건 아닙니다. 공업 분야 특성화 고교를 마치고 곧바로 반도체 업계에 취업하는 경우도 있죠. 레이아웃 설계 업무나 조립과 테스트, 기본 장비 운영 등의 업무를 맡아 일할 수 있습니다. 반도체 업체에서 특성화 고교 출신 인력의 활용도를 높이기 위해 실습 교육과 현장 교육을 강화할 필요가 있어요.

인력 확보는 전 세계적인 과제예요

반도체 분야 인력 확보를 위해 한국뿐 아니라 관련 기업이 있는 여러 나라에서 비상이 걸렸습니다. 대만에선 세계 1위 파운드리 업체 TSMC가 4개 대학에 연구소를 세워 인력을 양성하는 계획을 추진하고 있어요. 중국에선 반도체 관련 학과는 물론 단과대학까지 설치해 관련 인력을 양성할 계획이라고 하고요. 반도체 관련 기업들은 신입 사원의 초봉을 두 배로 높여 공학이나 자연과학을 전공한 인력을 대거 뽑고 있습니다.

미국은 보다 근본적인 인력 해소 방안을 추구하고 있어요. 미국은 STEM 분야에서 해외 유학생을 대거 받아들이고 있습니다. 해외에서 이 분야를 전공한 관련 인력을 미국 반도체 분야에서 더 많이 확보할 수 있도록 법도 만들고 있습니다.

이민 국가인 미국은 STEM 관련 인력이 필요하면 해외에서 대거 영입해 부족 사태를 해결한 전력이 있습니다. 미국이 소련과 한창 자존심 대결을 벌이던 냉전 시기, 1957년 10월 4일 소련이 세계 최초의 인공위성 '스푸트니크 1호'를 지구 궤도에 쏘아 올린 뒤의 일입니다. 미국은 대내적으로는 중고등학교에서 수학과 과학 교육을 강화하는 등 STEM 교육을 개혁하고 대외적으로는 해외 인재를 대대적으로 받아들였죠. 인재는 배경이 아니라 철저하게 실력에 따라 대접했습니다.

'과학기술은 세계 최고'라는 자부심이 무너지자 당시 드와이트 아이젠하워(1890~1969, 재임 1953~1961) 미국 대통령은 과학기술 분야에서 세계 1위 자리를 탈환하려고 총력을 다했는데, 지금 반도체를 두고 이런 현상이 벌어지고 있는 셈입니다. 아이젠하워는 1958년 7월 29일 우주와 항공 분야 장기 계획을 위한 미국항공우주국(NASA)을 창설한 것은 물론 우주 분야에만 국한하지 않고 과학기술 전반에 걸쳐 대대적으로 연구·개발 투자를 늘렸습니다. 과학기술의 역사는 이를 두고 '스푸트니크 효과'라고 말합니다. 반도체와 관련해 제2의 스푸트니크 효과가 나올 수도 있겠습니다.

이렇게 과학기술 국력을 재정비한 미국의 존 F. 케네디 대통령(1917~1963, 재임 1961~1963)은 취임 첫해인 1961년 5월 25일, 의회 연설에서 1960년대 말까지 인간을 달에 착륙시키고 지구로 무사히 귀환시킨다는 국가적 목표로 내걸었습니다. 소련의 우주 기술을 단박에 뛰어넘는 아폴로계획은 이렇게 시작됐습니다. 결국 미국은 1969년 7월 20일 21시 17분(그리니치 표준시간) 미국항공우주국의 닐 암스트롱(1930~2012) 선장과 버즈 올드린(1930~)은 유인 우주선 아폴로 11호의 착륙선 모듈인 이글호를 타고 달 표면의 '고요의 바다'에 내렸습니다. 인류가 달에 처음으로 착륙한 순간이자, 꿈을 이룬 순간입니다.

이러한 미국의 사례는 '내가 반도체나 정보 통신 기술 분야를 비롯한 첨단 기술 분야에서 일하면서 꿈을 키우려면 무엇보다 수학과 과학을 부지런히 공부하는 게 중요하다'는 걸 일깨워주는 역사적인 일화입니다. 이를 위해선 무엇보다 수학과 과학 분야에 흥미를 가질 필요가 있어요.

엔지니어
롤 모델

청소년기에는 이공계 롤 모델을 살펴보며 반도체 엔지니어나 과학기술자의 꿈을 키우는 것도 좋은 방법입니다. 앞서간 과학기술자로서의 삶은 나의 미래에 대한 희망과 영감을 주면서 정신적으로 나를 일으켜 세우기 때문이죠.

전기·전자·반도체 분야만 살펴볼까요. 미국 발명 특허 1093개가 보여주듯 수많은 전기 제품 발명으로 인류를 새로운 시대로 이끈 토마스 에디슨(1847~1931)의 이야기는 과학기술자로서의 삶에 대한 용기를 북돋아줍니다.

일론 머스크가 운영하는 테슬라 전기 자동차에 이름

을 남긴 발칸반도 출신의 미국 전기공학자 니콜라 테슬라 (1856~1943)는 에디슨과 비슷한 시대를 살며 서로 경쟁했어요. 물리학자이자 전기공학자로서 19세기 말과 20세기 초의 이 분야 혁신을 이끈 인물로 평가 받습니다.

1847년 전기·정보통신·교통·산업설비 분야 글로벌 기업인 독일의 지멘스를 창업한 공학자 에른스트 베르너 폰 지멘스 (1816~1892)와 카를 빌헬름 지멘스(1823~1883) 형제 이야기도 엔지니어의 꿈을 이야기할 때 빼놓을 수 없어요.

반도체가 전자 분야에 본격적으로 이용된 계기를 마련한 엔지니어의 삶도 롤 모델로 삼기에 충분합니다. 미국의 벨 연구소에서 일하던 윌리엄 쇼클리(1910~1989), 월터 브래튼 (1902~1987), 존 바딘(1908~1991)은 1947년 반도체를 이용해 전자 신호를 변환하거나 전력을 증폭하는 트랜지스터를 개발해 새로운 시대의 문을 열었어요. 세 사람은 이 공로로 1956년 노벨물리학상을 받았습니다. 이 가운데 존 바딘은 초저온에서 금속이나 반도체의 전기저항이 없어져 전류가 장애 없이 흐르는 초전도 현상을 양자역학의 관점에서 설명한 BCS 이론을 제안한 공로로 1972년 두 번째 노벨물리학상을 받았습니다. 노벨상을 두 차례 받은 네 명 가운데 한 명이 됐어요.

벨연구소에서 세 명의 엔지니어가 개발한 트랜지스터는 전자공학 분야에 혁명을 불러왔어요. 이를 이용해 작고 값싼 라디오나 전자계산기·컴퓨터 개발이 가능해졌기 때문이죠. 트랜지스터를 이용한 전자 기기의 개발·디자인·응용 경쟁은 미국 실리콘 밸리가 본격적으로 성장하는 동력이 됐어요. 오늘날 디지털 혁명과 반도체 산업의 발전은 모두 이들에게 힘입었다고 말할 수 있습니다.

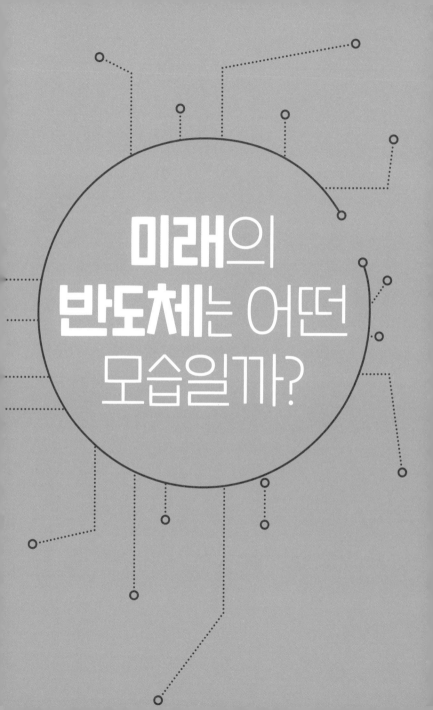

미래의
반도체는 어떤
모습일까?

2022년 11월, 국제 도량형 총회에서 새로운 숫자 단위가 탄생했습니다. 이번에 등장한 단위는 0이 27개 달린 '론나(R)'와 0이 30개 달린 '퀘타(Q)'라고 해요. 1991년 0이 21개인 '제타(Z)'와 24개인 '요타(Y)'가 도입된 후 31년 만에 정한 새로운 숫자입니다.

인류가 셈하는 규모가 커지면서 점점 더 큰 숫자가 만들어지고 있습니다. 특히 기술 발전 속도가 빨라져 더 먼 우주, 더 미세한 입자, 더 많은 소자가 발견되고 발명돼 새 표현법이 필요한 주기도 더 빨라졌지요.

전 지구에 걸쳐 하루에만 수십~수백 엑사바이트의 데이터가 생성됩니다. 100년 전 사람들이 평생에 걸쳐 접한 것보다 많은 정보를 하루에 경험하고 있는 수준이라고 해요. 시장조사 업체 IDC는 2025년 전 세계 데이터 총량이 175제타바이트(ZB)에 달할 것으로 예상했어요. 2030년이면 1요타바이트(YB)로 늘어난다고 해요. 1기가바이트(GB)의 1000배가 1테라바이트(TB)이고, 1테라바이트의 1000배가 1페타바이트(PB), 1페타바이트의 1000배가 1엑사바이트(EB)입니다. 1엑사바이트의 1000배가 1제타바이트인데, 1제타바이트에 다시 1000을 곱해야 1요타바이트이니 엄청난 양이죠.

표현해야 하는 숫자 단위가 이렇게 커진 데는 디지털 기술, 즉 반도체 발전 속도가 절대적이었습니다. 생성 가능한 데이터 규모는 정보를 연산·처리하고 저장하는 반도체 기술력에 달려 있기 때문이에요.

2022년 말 출시된 지 닷새 만에 이용자 100만 명, 두 달 만에 2억 명이 넘은 서비스가 있습니다. 무엇이든 물으면 척척 대답해주는 '챗GPT(GPT-3.5)'입니다. 질문을 해석해 인간과

대화 형태로 답을 주는 방식이어서 생성형 인공지능 챗봇이라고 부릅니다. 마이크로소프트 공동 창업자인 빌 게이츠는 과거 인터넷 발명으로 인류의 삶이 변화했듯이 AI 챗봇이 중대한 영향을 미칠 것이라고 내다보기도 했어요. 검색 엔진이 세상의 중심을 인터넷으로 만들었듯, 인간과 대화하는 AI가 또한 번 완전히 다른 세상의 문을 열 것이라는 의미일 거예요. 지금까지 AI는 인간이 입력한 정보를 읽고, 학습한 뒤 저장해 다시 출력할 줄만 알았는데, 이제는 내용을 이해하고 스스로 새로운 생각을 내놓는 수준이 됐거든요.

AI는 수집한 데이터 양이 늘어날수록 성능이 좋아집니다. 다량의 입력 데이터를 오류 없이 빠르게 처리해 정확한 답을 도출하려면 복잡한 전기 신호를 견뎌낼 정밀 반도체 시스템이 필요합니다. 하나의 기판에 반도체 소자를 모은 집적 회로가 컴퓨터 혁명을 일으켰고, 트랜지스터의 집적도가 높아지면서 성능이 좋아졌던 것과 같은 이치입니다. AI가 운용되려면 컴퓨터 수천 대를 합친 양을 연산해야 해요. 1971년 인텔이 세계 최초로 개발한 컴퓨터 CPU에 사용된 트랜지스터는 2300개였습니다. 2021년 애플이 공개한 스마트폰 시스템 온 칩(SoC)

에 탑재된 트랜지스터는 570억 개에 달합니다. 가장 흔한 생활 속 전자 제품의 집적도가 50년 만에 2478만 배 높아진 거예요.

구글의 AI 자회사 '딥마인드'는 생물물리학 연구진들이 10년간 컴퓨터 시뮬레이션 모델링 기술로 연구한 단백질 구조를 분석하는 데 3개월도 걸리지 않았다고 해요. 반도체가 처리할 수 있는 데이터가 늘어 결과 도출까지 걸리는 시간을 대폭 줄인 겁니다. 이런 속도라면 조만간 또 새로운 숫자가 필요하게 될지도 몰라요.

 ## 인간의 뇌를 따라가는 반도체

AI 시대가 열리면서 반도체는 데이터를 저장·처리·연산하는 기능만으로는 부족해졌습니다. 사람의 말과 행동에 실시간으로 반응하려면 인간의 뇌와 비슷한 수준이어야 하기 때문이에요. 학습한 것을 바탕으로 판단해서 결론을 내릴 수 있는 지능이 필요한 거죠.

반도체 기업들이 전 세계 대학들과 연구 중인 뉴로모픽(Neuromorphic, 뇌신경모방)은 실제로 인간의 뇌 신경망을 본떠 설계한 반도체입니다. 인간은 뇌 신경세포인 뉴런(neuron), 뉴런이 다른 뉴런과 신호를 주고받는 연결고리인 시냅스(synapse)를 통해 생각하고 기억하며 판단합니다. 약 1000억 개의 뉴런과 100조 개의 시냅스가 눈 깜짝할 사이 연결되는 인간의 사고 구조는 복잡한 전기 회로 설계에 전류가 흐르며 신호를 전달해 기기를 제어하는 반도체 트랜지스터의 작동 방식과 비슷하죠. AI, 로봇, 자율 주행, 사물인터넷 등 미래 일상에 활용할 반도체는 더욱 인간의 뇌를 닮아 갈 거예요.

100조 개의 시냅스를 구현하려면 반도체 집적도를 지금보다 훨씬 높여야 합니다. 2021년 카이스트가 개발에 성공한 뉴로모픽 반도체는 컴퓨터 CPU와 비교하면 집적도가 3500배에 달한다고 해요. 또 뉴로모픽 반도체는 뇌 신경망처럼 연산과 저장을 동시에 할 수 있도록 칩이 모두 병렬로 연결된 설계입니다. 뉴런의 연산과 시냅스 연결 구조를 따라서 한 거예요.

데이터 처리·연산 기능의 CPU나 GPU, 데이터를 저장하는 메모리 반도체를 직렬로 연결한 현재 컴퓨터 방식도 AI를 작동시킬 수는 있지요. 하지만 각각의 반도체 성능이 커지는 것과 별개로 반도체 사이를 연결해 데이터를 주고받는, 즉 뇌에서 시냅스로 연결하는 것과 같은 성능을 높이는 데는 한계가 있습니다.

신호 체계는 인간의 뇌와 매우 비슷해졌는지는 몰라도 아직 큰 차이점은 있다고 해요. 이세돌 9단이 AI 알파고와 바둑 대결을 치렀던 2016년으로 돌아가 봅시다. 정교한 반도체 회로를 통해 막대한 데이터를 실시간으로 처리한 고성능 AI인 알파고는 이세돌과 손에 땀을 쥐는 대국을 펼쳤습니다. 덕분에 AI가 곧 인간보다 똑똑해지는 날이 올 것이라는 위기감까지 심어줬지요.

그런데 바둑을 두면서 알파고가 소비한 전력이 170킬로와트(KW)에 달했어요. 같은 상황에서 성인의 뇌가 사용하는 에너지는 0.02킬로와트에 불과해요. 알파고의 에너지 소비는 이세돌의 무려 8500배였던 거예요. 반도체 집적도가 높아지고 연산 속도를 높여주는 가속기 등을 탑재하면 전력 소모가 급증합니다. 자율 주행 차에 탑재된 AI는 학습을 위한 서버의 소비 전력이 1800킬로와트, 알파고의 10배가 넘습니다. 전력 소비는 곧 비용으로도 연결됩니다. 그래서 AI 반도체 산업에서 지적인 능력뿐 아니라 에너지를 인간만큼 효율적으로 쓰는 기술을 개발하는 일도 중요합니다. 뉴로모픽의 병렬 설계는 에너지 효율을 높이는 방법이기도 해요.

인간의 뇌를 닮은 AI 반도체에서는 D 램 등 메모리 반도체와 GPU 등 시스템 반도체를 칩 하나에 합치는 기술도 더 연구해야 합니다. 2021년 삼성전자가 개발한 HBM-PIM(지능형 메모리)은 고대역폭 메모리 반도체에 AP를 결합해 데이터 이동을 줄여 에너지 효율을 높였죠. 수천 개의 연산을 동시에 풀어 반응 속도를 높인 신경망 처리 장치(NPU)는 어느 정도 완성됐지요. 하지만 완벽한 뉴로모픽은 아직 세상에 나오지 않았습니다. 빠르면 2030년쯤 개발될 것으로 전문가들은 전망하고 있어요. 인간의 뇌를 완벽하게 따라 하는 것이 간단한 일은 아닌 것 같습니다.

반도체 시장에서
살아남는 법

반도체 기술은 칩 하나에 트랜지스터를 비롯한 소자를 더 많이 쌓아 올리는 집적도와 웨이퍼 한 장에서 불량품 없이 완성되는 비율인 수율을 높이는 경쟁으로 발전했지요. 지름 200밀리미터 혹은 300밀리미터 웨이퍼 한 장에서 트랜지스터 등 소자가 10억 개 이상 탑재된 반도체 칩이 100~500개씩 생산됩니다. 정밀하게 설계된 고성능 전기 회로를 얇고 선명하게 그리는 기술력은 같은 크기의 웨이퍼에서 더 많은 칩을 생산해 원가를 낮추는 가격 경쟁력을 만들지요.

다른 기업보다 앞선 기술로 더 세밀한 공정을 개발해 수율을 높이면 더 성능이 좋은 반도체를 이전 제품보다 더 낮은 가격에 팔 수 있는 거예요. 특히 범용으로 사용되는 메모리 반도체는 새 기술이 나오면 바로 대체되기 때문에 이전까지 일반적으로 사용됐던 제품 경쟁력이 현저히 떨어집니다. 기술력은 생존의 문제여서 기술 격차를 벌리는 것이 치열한 반도체 시장에서 살아남는 유일한 방법이라고 불립니다.

회로 선폭을 더 얇게 그리는 미세 공정 경쟁은 나노 단위에서 이뤄지고 있습니다. 1나노미터는 10억분의 1미터를 뜻하고, 사람 머리카락 굵기의 10만분의 1 크기입니다. 현재는 10나노미터 공정이 가장 많이 활용되지만 3나노와 2나노 라인도 본격 도입을 앞두고 있습니다. 과학자들은 트랜지스터가 제대로 작동하는 물리적인 한계는 2~3나노 수준이라고 보고 있어요. 하지만 인류의 역사는 한계를 넘는 기술을 통해 발전시켜왔으니 가능성은 얼마든지 열려있습니다.

회로는 갈수록 얇고 복잡해지는데 어떻게 웨이퍼 위에 정확히 그려 넣을 수 있는 것일까요? 반도체가 전기 신호가 계획대로 전달해 제대로 기능하려면 섬세하고 정확한 포토 공정을 거쳐 설계를 웨이퍼로 옮겨야 합니다. 앞에서 살펴본 8가지 공정 가운데 가장 중요한 단계로, 전체 반도체 제조 시간 가운데 60퍼센트 정도가 소요되는 과정입니다. 생산 원가 중에서도 30~40퍼센트를 차지한다고 해요.

웨이퍼에 감광액(포토레지스트)을 바른 후 회로 패턴이 새겨진 마스크를 대고 빛에 노출하는 과정을 반복하면 반도체 설계가 웨이퍼 위에 생성됩니다. 필름에 새겨진 장면을 인화지 위에 현상해 사진을 완성하는 것과 같은 방식이지요. 이때 빛을 쐬는 장치인 노광 장비가 핵심이어서 포토 공정은 노광 공정이라고도 합니다. 반도체 전공정에서 성능과 품질을 가르는 과정이에요.

회로가 미세해질수록 해상도가 높은 광원이 필요합니다. 빛(광원)은 파장이 짧고, 빛이 나오는 구멍(개구수)이 클수록 선명해져 더 세밀한 패턴을 만들 수 있어요. 최근 반도체 경쟁은 웨이퍼 위에 회로를 그리는 기술, 빛으로 만든 이 얇은 붓을 개발하는 데서 가장 치열합니다. 붓이 얇을수록 회로 선폭을 줄여 같은 면적에 더 많은 칩을 그려낼 수 있습니다.

과거 노광기 광원은 수은 램프였는데 파장이 더 짧은 빛을 연구해 아르곤·크립톤 가스로 진화했고, 현재 레이저로 플라스마를 생성하는 극자외선(EUV) 노광 장비를 씁니다. 특히 10나노 이하 초미세 공정에서는 EUV 노광 장비가 반드시 있어야 해요. 그런데 이 장비를 만들 수 있는 것은 네덜란드 반도체 기업 ASML이 전 세계에서 유일합니다. 이산화탄소 레이저로

주석 방울을 플라스마 상태로 만들 때 방출되는 극자외선으로 회로를 그리는 ASML의 노광 공정은 현존하는 가장 정밀한 기술입니다.

ASML이 독점한 EUV 노광 장비는 1년에 제작할 수 있는 기계가 40대 정도밖에 되지 않아요. 한 대 가격은 무려 2000억 원이 넘지만 원한다고 해서 살 수도 없습니다. 주문하려는 반도체 기업이 줄을 서있기 때문에 장비를 확보하려면 주문한 순서대로 기다리는 수밖에 없습니다. 그래서 ASML의 장비는 세계 패권 다툼에서 주요한 무기가 되기도 했어요. 중국을 견제하는 미국이 ASML을 압박해 2022년 이후 중국 반도체 기업들은 EUV 노광 장비를 한 대도 구하지 못한 거예요.

20년 넘는 기간 미국, 독일, 일본이 서로의 기술력을 합쳐 완성한 이 장비는 1980년대 국방과 천체 광학 분야에서 처음 개념이 정립됐다고 해요. 냉전 시대 러시아가 핵을 쏠 수 있다는 위기감에 미국을 포함한 서방은 우주에서 미사일을 격추하는 스타워즈 계획을 세웠습니다. 미사일 격추에 필요한 레이저 기술에 EUV 빛을 만드는 광원 장치를 활용한 것이 계기가 됐습니다. 이는 천체 망원경의 원조인 허블 망원경 기술에도 사용됐지요.

반도체 공정은 이렇게 막대한 투자금과 시간을 들여야만 독보적인 기술력을 확보할 수 있습니다. 속도를 놓치면 이미 다른 기업들이 훨씬 앞서 나가 어느 순간 따라잡을 수 없을 만큼 차이가 벌어집니다. EUV 노광 장비처럼 핵심 기기를 확보하지 못한 중국은 앞으로 다른 국가의 기술을 따라잡는 데 생각했던 것보다 더 많은 시간이 필요할지도 모릅니다.

특히 1980년대 전후 산업 형성기에는 반도체를 많이 찍어내는 것이 목표였다면, 전자 제품 스펙 경쟁이 치열한 2010년대 전후부터는 각자 원하는 기능을 구현할 수 있는 첨단 반도체 기술이 핵심입니다. 앞으로는 어떤 설계든 반도체로 완성할 수 있는 기술과 소재를 확보하는 기업이 시장을 장악하겠지요.

반도체로
숨 쉬는 세상

AI가 계속 학습하며 전보다 나은 기술력을 발휘하기 위해서는 GPU나 CPU 등에 탑재되는 수만~수억 개 반도체가 탄탄한 성능으로 뒷받침을 해줘야 합니다. 챗GPT가 놀라운 기능을 선보이자 서비스를 만든 오픈AI라는 기업뿐 아니라 한국을 비롯한 전 세계 반도체 기업들이 주목을 받은 건 이런 이유에서입니다.

미래학자 레이 커즈와일은 기술의 변화 속도가 매우 빨라지고, 인간에게 미치는 영향도 너무 커 더는 이전으로 되돌릴 수 없는 시기를 '특이점'이라고 정의했습니다. 그가 쓴 책 제목《특이점이 온다》와 같이 AI 등 과학기술이 꾸준히 발전하다 보면 지금까지의 법칙을 벗어나 기하급수적인 성장을 이뤄내는 순간이 온다는 거예요. 다양한 분야의 정보 통신 기술이 융합되며 시작된 4차 산업혁명은 이미 특이점을 향해 가고 있습니다. 산업뿐 아니라 인류 생활의 토대가 된 반도체 기술이 본격적으로 성장하는 '반도체 슈퍼사이클'도 이제 시작이라고 전문가들은 이야기합니다.

4차 산업혁명의 미래는 AI와 5G 통신, 모바일 에지 컴퓨팅 (MEC, Mobile Edge Computing), 로봇, 슈퍼컴퓨터 등에 다양한 기기와 기술이 융합돼 연결된 모습일 거예요. AI는 인간의 설계대로 학습하는 반도체를 넘어 스스로 학습할 거리를 찾고 생각해 판단하는 기능이 완성될 겁니다. 5G MEC는 지금처럼 인터넷이 아닌 사물인터넷으로 1제곱킬로미터 안에 100만 개의 단말기를 연결해 아주 작은 에너지만 있으면 빠르게 데이터를 주고받을 수 있도록 만들 거예요. 이런 초연결과 초고속성 환경에서는 신호를 안정하게 전달할 초정밀 반도체가 반드시 있어야 하고요.

자율 주행 차와 같은 미래 이동 수단에 들어갈 반도체는 데이터 전송과 전달에 한 치의 오차도 없어야 합니다. 인간과 차량, 차량과 차량, 차량과 교통 체계를 실시간으로 연결해 경우의 수를 계산하는 AI는 빅데이터를 기반으로 승객의 안전을 지킬 수 있는 결과 값을 내놔야 하기 때문이죠. 자동차 산업에서는 이미 전기 차 보급으로 반도체 사용이 급증하고 있습니다. 코로나19 확산으로 세계 무역이 봉쇄되면서 2021년 차량용 반도체 수급에 문제가 생겼고 한 분기 만에 100만 대 이상 생산에 차질이 생겼어요. 손실액이 70조 원에 달했습니다. 그만큼 반도체가 중요한 분야가 된 거예요. 지금은 스마트폰이 시스템 메모리 등 첨단 반도체에 가장 큰 비중을 차지하지만, 앞으로는 자동차가 중심이 될 것이라고 해요.

반도체가 일상을 유지하는 중요한 매개로 자리 잡으면서 민간 영역뿐 아니라 안보와 군사 영역에서도 힘을 갖게 됐습니다. 인터넷이 발명된 후 사이버 공간에서는 물리적인 영토보다 치열한 패권 전쟁이 벌어지고 있습니다. AI 반도체 칩이 탑재된 로봇과 드론, 초고속 통신망은 새로운 무기가 됐습니다. 국가를 지키고, 시민들의 윤택한 삶을 보장하기 위해서 반도체 기술이 필요해진 겁니다.

한국뿐 아니라 미국과 중국, 유럽 등 각국 정부가 수십 조의 예산을 투입해 자국 반도체 산업을 지원합니다. 미세 공정과 신소재 개발, 우수 인재 확보에 역량을 집중하고 있지요. 나노·복합 소재 등으로 부품과 소자의 성능을 높일 자원을 발견하고, 첨단 기술을 선점해야 혁신을 만들 수 있습니다. 전기 전도율과 강도, 탄성률이 지금까지 발견된 어떤 물질보다 높아 항공기와 자동차, 레이더에 잡히지 않는 탱크 등의 소재로 활용 중인 탄소나노튜브는 반도체 신소재로도 연구되고 있지요.

앞으로 우리가 사는 세계는 지금보다 훨씬 데이터에 의존할 겁니다. 그때 반도체는 '산업의 쌀'을 넘어 국가와 지구, 인류 문명을 유지하는 공기와 같은 존재가 돼 있을지도 모르겠습니다.

기계를 제어하는
똑똑한 **반도체**가
펼치는 무궁무진한
세상, **그 너머**에
대하여

이례적인 폭염이 전국에 기승을 부린 2023년 8월, 국내 과학계뿐 아니라 전 세계 사람들의 관심을 사로잡은 소식이 들려왔습니다. '꿈의 물질'이라고 불리는 초전도체를 한국 연구진이 상온에서 구현해냈다는 거예요. 과학적 검증을 통해 이 소식이 사실로 밝혀지면 세상이 어떻게 변할지에 대한 이야기가 뉴스와 소셜미디어에 가득 찼지요. 전 세계 주식 시장에서는 초전도체와 관련된 기업의 주가가 치솟았습니다. 아직은 완벽하지 않은 기술이라는 분위기가 퍼지면서 곧 가격이 크게 떨어지며 롤러코스터를 타기는 했지만요.

대체 초전도체가 무엇이기에 사람들이 이렇게 열광했을까요? 이 책에서 설명한 것처럼 전기가 잘 통하는 물질은 도체, 전기가 통하지 않는 물질은 부도체, 반만 통하는 물질이 반도체입니다. 도체보다 전기가 더 잘 통해서 전기저항이 이론적으로 '0'인 물질이 바로 초전도체예요. 그래서 만약 전자 제품을 초전도체로 만들 수만 있다면 아무리 많은 기능을 탑재해도 기계가 뜨거워지는 발열 현상이 아예 나타나지 않지요. 전기를 만들어내는데 열이 생기지 않아 냉각 팬과 같은 부수적인 장치도 필요하지 않습니다. 무한정 성능을 높이면서도 크기를 줄인 고성능 초경량의 신제품이 등장할 수도 있고요. 동력 시스템과 전지, 전자 기기 분야의 IT 혁명이 될 것입니다.

1911년 처음 발견된 초전도는, 40여 년이 흐른 1950년대에서야 전기저항이 사라지는 이유에 대한 첫 이론이 나올 만큼 베일에 둘러싸인 현상입니다. 원자 속 전자들이 특별한 조건에서, 특별한 구조로 이루어질 때 나타난다는 걸 과학자들이 밝혀내 섭씨 영하 200도보다 낮은 극저온이나 초고압 상태에서 MRI나 자기부상열차 등 극히 제한된 분야에만 쓰이고 있습니다. 하지만 여전히 정확한 원인을 모르는 현상으로 과학계의 난제입니다.

과학자들도 풀지 못한 어려운 이론. 아직 단서도 찾아내지 못한 미지의 물질. 그 존재에 전 세계의 관심이 쏠리는 것은 바로, 새로운 물질로 탄생할 새로운 기술이 우리 일상과 아주 가까이 맞닿아있기 때문이에요. 물리학에서 나온 반도체의 이념적 가설을 연구로 실증하고 컴퓨터와 같은 제품으로 완성한 이후 평범한 사람들의 삶이 어떻게 달라졌는지 반도체 기술의 역사에서 우리는 이미 경험했습니다. 스마트폰, 전기 차, 인공지능 로봇까지 만들어낸 그 기술이 결국 세계 패권 전쟁을 주도하는 무기가 되고, 국가와 국민을 지킬 힘으로 작동하는 사실도 알고 있지요.

전기 신호를 끊었다가 연결하는 반도체의 단순한 원리가 인터넷이라는 공간에서 전 세계를 하나로 만들어주기도 했어요. 코로나19 바이러스가 확산된 극한의 상황에서도 우리는 그 기술이 가진 힘으로 서로 연결돼 위기를 극복할 수 있는 희망을 품었고요.

치열한 기술 경쟁을 펼치던 각국 과학계에서도 한국 연구진의 초전도체 연구 소식을 모처럼 한마음으로 반갑게 맞이했다고 합니다. 이론을 검증하는 절차가 남아있기는 하지만 진짜 초전도체이든, 다른 새로운 물질이든, 혹은 이론적으로 완벽하지 못한 것으로 밝혀지든 이번에 찾아낸 작은 발견이 인류와 세계를 지금과 완전히 다른 모습으로 만들어줄지도 모르니까요. 경쟁과 지정학적 갈등을 넘어 인류의 영웅이 탄생하지 않을까하는 마음이었을 거예요.

우리는 기후위기가 촉발한 사회·경제·문화적인 문제를 해결하는 데 어떤 기술이라도 필요한 현실을 살고 있기도 합니다. 돌파구를 만들 기술은 무엇일까요. 반도체가 세상을 바꾼 것보다 더 많은 변화를 가져올 새로운 물질은 언제 발견될까요. 그것이 무엇이든 작은 전기 신호로 무궁무진한 가능성을 열어준 반도체처럼 전 세계를 연결하고 인류가 풀어야 할 위기를 극복하는 힘이 될 것입니다. 어쩌면 그 힘과 함께 세상을 구할 영웅이 바로 여러분일 수도 있을 테지요.

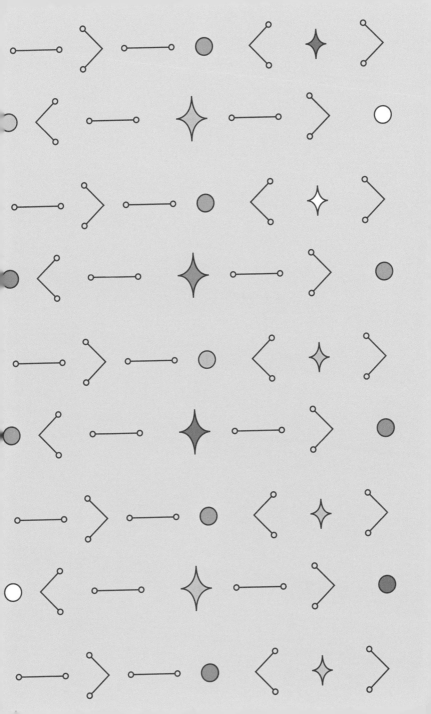

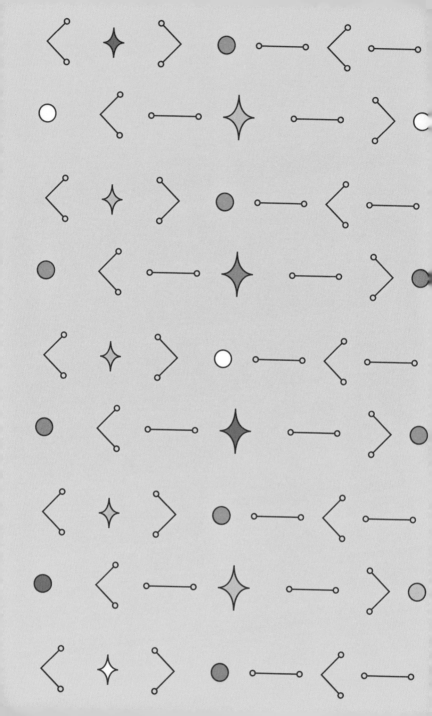

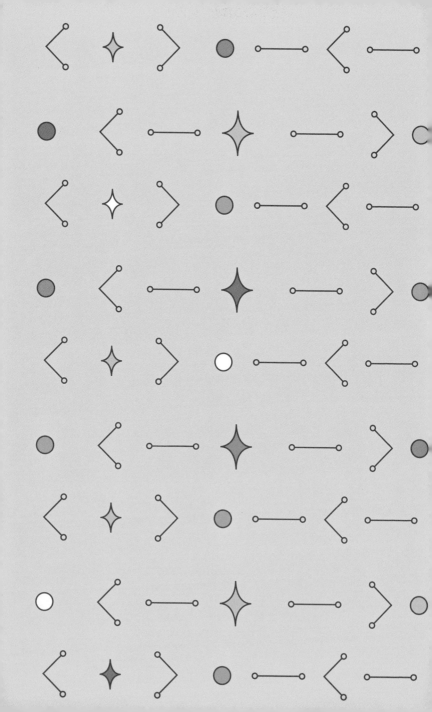